T0198604

# IT kompakt

Die Bücher der Reihe „IT kompakt" zu wichtigen Konzepten und
Technologien der IT:

- ermöglichen einen raschen Einstieg,
- bieten einen fundierten Überblick,
- eignen sich für Selbststudium und Lehre,
- sind praxisorientiert, aktuell und immer ihren Preis wert.

Weitere Bände in der Reihe http://www.springer.com/series/8297

Andreas Gadatsch

# IT-Controlling für die öffentliche Verwaltung kompakt

Methoden, Werkzeuge
und Beispiele für die
Verwaltungspraxis

Andreas Gadatsch
FB Wirtschaftswissenschaften
Hochschule Bonn-Rhein-Sieg
Sankt Augustin, Deutschland

ISSN 2195-3651         ISSN 2195-366X   (electronic)
IT kompakt
ISBN 978-3-658-28579-1         ISBN 978-3-658-28580-7   (eBook)
https://doi.org/10.1007/978-3-658-28580-7

Die Deutsche Nationalbibliothek verzeichnet diese Publikation in der Deutschen
Nationalbibliografie; detaillierte bibliografische Daten sind im Internet über http://
dnb.d-nb.de abrufbar.

Springer Vieweg ist ein Imprint der eingetragenen Gesellschaft Springer Fachme-
dien Wiesbaden GmbH und ist ein Teil von Springer Nature.
Die Anschrift der Gesellschaft ist: Abraham-Lincoln-Str. 46, 65189 Wiesbaden,
Germany

# Vorwort

IT-Controlling ist ein interdisziplinäres Teilgebiet der Wirtschaftsinformatik. Es hat in den Standardlehrplänen für Betriebswirte seit langem seinen Platz. Auch die öffentliche Verwaltung setzt IT-Controlling zunehmend als Instrument der modernen Verwaltungsführung ein. Viele der relevanten und meist sehr umfangreichen Fachbücher zu IT-Controlling richten sich allerdings nicht direkt an Mitarbeitende in der öffentlichen Verwaltung. Sie sind eher auf Leserinnen und Leser aus der Wirtschaft und Industrie zugeschnitten. Das Buch füllt diese Lücke als praxisnahe Einführung in die wichtigsten Inhalte, es ersetzt jedoch nicht die vertiefende Controlling- und IT-Literatur, die in generalisierter und branchenübergreifender Form Methoden und Werkzeuge erklärt. Das Buch dient vielmehr der Orientierung im Sinne eines Navigators durch das umfangreiche Methodenangebot für IT-Controller. Damit motiviert es für die Entwicklung einer individuellen IT-Controlling-Konzeption.

Die Grafiken zum Buch und der „Schnelltest IT-Controlling" können in elektronischer Form beim Autor unter andreas.gadatsch@h-brs.de kostenfrei angefordert werden.

Der Autor dankt recht herzlich Herrn Nils Timm, Seminarverantwortlicher in der Bundesakademie für die öffentliche Verwaltung im Bundesministerium des Innern, der durch seine Initiative und Engagement dieses Buch erst ermöglicht hat. Der Dank des Autors gilt insbesondere auch Frau Özge Tetik für die kritische Durchsicht des Manuskriptes und ihre wertvollen Korrekturhinweise.

Sankt Augustin                              Andreas Gadatsch
Oktober 2019

# Inhaltsverzeichnis

# IT-Controlling

## Rahmenbedingungen, Grundlagen und zentrale Begriffe

1

*IT-Controller sind Dienstleister*

**Zusammenfassung**

In diesem einführenden Beitrag zum IT-Controlling werden Rahmenbedingungen, Zielsetzung, Inhalte, Organisationskonzepte und Werkzeuge des IT-Controlling-Konzeptes vorgestellt. Nach der Lektüre hat der Leser einen Überblick über zentrale Aspekte und Rahmenbedingungen des IT-Controllings. Mithilfe eines kompakten in der Praxis erprobten Schnelltests kann er den Reifegrad seiner Organisation überprüfen.

## 1.1 Rahmenbedingungen im Wandel

### 1.1.1 Öffentliche Verwaltung im Kontext der Digitalisierung

Die „IT-Welt" steht insgesamt inmitten eines dynamischen Anpassungsprozesses, der alle Branchen einschließlich der öffentlichen Verwaltung erfasst hat. Das Programm „Digitale Verwaltung 2020" der Bundesregierung setzte mit zahlreichen Eckpunkten (z. B. Nr. 4 „Der Zugang zu allen elektronisch angebotenen Verwaltungsdienstleistungen soll grundsätzlich

© Springer Fachmedien Wiesbaden GmbH, ein Teil von
Springer Nature 2020
A. Gadatsch, *IT-Controlling für die öffentliche Verwaltung kompakt,*
IT kompakt, https://doi.org/10.1007/978-3-658-28580-7_1

1

über ein Zugangsportal im Internet erfolgen können") wichtige Standards für den öffentlichen Sektor (Bundesminister des Innern 2014, S. 39). Schenk und Dietrich (2018, S. 263) zeichnen bereits für 2025 ein digitales Szenario auf, bei dem Bürger Passanträge zu 100 % digital abwickeln können und die Abholung des Reisepasses per Automat (vergleichbar einer Packstation der Deutschen Post) oder an beliebige Orte (z. B. am Flughafen) organisieren lassen können.

Die Prozesse im öffentlichen Sektor ändern sich auf allen Ebenen. Neben den klassischen wohlstrukturierten Daten (z. B. Bürgerdaten einer Meldebehörde, Steuerdaten der Steuerpflichtigen bei Finanzbehörden) stehen zukünftig weitere polystrukturierte Daten (Videos, Bilder, Chats, Maschinendaten, …) für die Analyse in Echtzeit zur Verfügung, analog zum genannten Beispiel der Bundespolizei. Auch die Bereitstellung von IT-Services, bislang häufig selber betrieben, ändert sich. Das Konzept des „Cloud-Computing" als dynamischer Ansatz zur Bereitstellung von IT-Services verdrängt zunehmend selbst oder im Service betriebene Rechenzentren.

Nicht nur Industrieunternehmen, Dienstleister, auch die öffentlichen Verwaltungen sehen sich neuen Herausforderungen gegenüber. Zahlreiche Begriffe wurden im Kontext von Digitalisierung und öffentlicher Verwaltung geprägt, insbesondere wurde E-Government als multidisziplinares Themenfeld vielfach thematisiert (Heuermann et al. 2018, S. 30).

**Outsourcing und Cloud-Computing**
Vor einigen Jahren waren IT-Outsourcing oder Cloud-Computing im öffentlichen Sektor noch wenig verbreitet oder galten in Einzelfällen als undenkbar. Im Kontext der Konsolidierung der IT-Infrastruktur wurden eigens eigene Serviceprovider wie das „Informations- und Technikzentrum Bund (ITZ-Bund)" oder die BWI für die Bundeswehr-IT gegründet. Offenbar konnten diese Anbieter aber nicht alle Bedarfe erfüllen. So speichert die Bundespolizei Aufnahmen von Body-Cams (Körperkameras) aus Einsätzen in der sogenannten „Amazon-Cloud", da es keinen

anderen zertifizierten Anbieter gab, ein passender öffentlicher
Anbieter fehlte offenbar (vgl. Wittenhorst 2019).

Allerdings zeigen die Erfahrungen in IT-Großprojekten auch,
dass im öffentlichen Sektor einige spezielle Regeln eingehalten
werden müssen, um die Projekte zum Erfolg zu führen, da hier
ein sehr großer Modernisierungsdruck besteht (Hartmann et al.
2019, S. 19).

Die Qualifikationsanforderungen der Mitarbeiter/-innen stei-
gen mit zunehmender Digitalisierung stark an, was den jetzt
schon spürbaren Fachkräftemangel noch verstärkt und eine große
Lücke der Qualifizierbarkeit bei den bisherigen Beschäftigten
verursacht (vgl. Abb. 1.1).

Erste Analysen zeigen, dass die Veränderungen schon voll
im Gange sind und je nach Branche schnell auf uns zukommen.
Insbesondere sind „Professional Services" wie Controlling oder
IT-Servicemanagement davon betroffen.

In der Wirtschaft werden zunehmend neue digitale Geschäftsmodelle sichtbar, was früher oder später Auswirkungen auf den
öffentlichen Sektor mit sich bringen wird. Der Aufwand für die
neuen Geschäftsmodelle ist überschaubar, die Wirkung aber
sehr groß (vgl. Roeder 2018, S. 43). Die Merkmale disruptiver
Geschäftsmodelle sind:

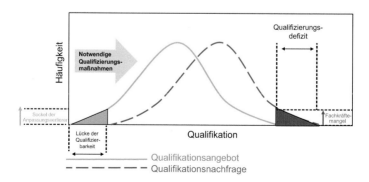

**Abb. 1.1**  Wirkung der Digitalisierung auf die menschliche Arbeit (Kornwachs
2018)

- Digital: Produkte und Dienste basieren auf Software,
- Vernetzung als zentrales Element verbinden unterschiedliche Akteure und Prozesse,
- Produkte und Dienste sind personalisierbar (der Benutzer erhält individuelle Produkte),
- Modelle sind radikal verändernd, sie verdrängen Platzhirsche.

Die im öffentlichen Dienst vorherrschende Linienorganisation mit ihren klassischen hierarchischen Führungsstrukturen deckt sich nicht mit den Anforderungen einer projektorientierten Arbeitsweise in der zunehmend digitalen Welt. Vor diesem Hintergrund muss sich der IT-Controller bzw. die IT-Controllerin sehen und eine passende Rolle in der jeweiligen Organisation finden.

## 1.1.2   Leitbild für IT-Controller/-innen

Unter IT-Controlling werden unterschiedliche Themen subsumiert, die wir noch im Einzelnen behandeln werden. Die Fachgruppe „IT-Controlling" der Gesellschaft für Informatik e. V. (GI) hat unter Berücksichtigung der aktuellen Entwicklungen ein IT-Controller-Leitbild veröffentlicht, das einen modernen und weiten Ansatz für das IT-Controlling zugrunde legt (Barth et al. 2009) und einen breiten Rahmen darstellt, in den sich spezielle Konzepte einordnen lassen.

Demnach „… gestalten und unterstützen (IT-Controller) den Managementprozess der betrieblichen Informationsverarbeitung und tragen damit eine Mitverantwortung für die Zielerreichung des Informationsmanagements." Die Präzisierung der Definition erfolgt in elf Kernsätzen:

1. IT-Controller überbrücken Kommunikations- und Kulturbarrieren zwischen technischen und betriebswirtschaftlichen Perspektiven und tragen somit zu einer adäquaten Kultur im Umgang mit der Ressource Information bei.
2. IT-Controller agieren als Dienstleister an den Schnittstellen von Informationsmanagement, Unternehmenscontrolling und Unternehmensführung.

3. IT-Controller moderieren und unterstützen den Prozess der Planung, Steuerung und Kontrolle für das Informationsmanagement so, dass jeder involvierte Entscheidungsträger zielorientiert handeln kann.

4. IT-Controller leisten dazu einen betriebswirtschaftlichen Service der Informationsversorgung der Entscheidungsträger.

5. IT-Controller sorgen – neben Strategie-, Ergebnis-, Finanz- und Prozesstransparenz des Informationsmanagements auch für Transparenz über die betriebliche Informationsverarbeitung und ihre Wirkungen im Unternehmen. Sie schlagen dabei und damit eine Brücke zur Strategie-, Ergebnis-, Finanz- und Prozesstransparenz des Unternehmens.

6. IT-Controller bewerten Methoden des Informationsmanagements, des Unternehmenscontrollings und der Unternehmensführung im Hinblick auf eine angemessene Berücksichtigung der spezifischen Wirkungen der Informationsverarbeitung im Unternehmen (u. a. vielfältige, interdependente, erst langfristig wirksame Wirkungen).

7. IT-Controller empfehlen und gestalten Methoden für das Informationsmanagement und – bezogen auf den IT-Einsatz – für das Unternehmenscontrolling und die Unternehmensführung.

8. IT-Controller sorgen für die Existenz von Verfahrensrichtlinien und stellen deren Überwachung sicher.

9. IT-Controller erkennen und bewerten die durch den IT-Einsatz entstehenden Risiken und Chancen.

10. IT-Controller gestalten und betreiben ein in das unternehmensweite Reporting integriertes IT-Berichtswesen.

11. IT-Controller gestalten und pflegen dazu Informationssysteme für das IT-Controlling (Barth et al. 2009).

Die vollständige Version des Leitbildes kann unter der URL der Quellenangabe (Barth et al. 2009) heruntergeladen werden.

### 1.1.3   Schnelltest IT-Controlling – Eigenbewertung

Falls Sie als Leser zu den Praktikern gehören und bereits im Umfeld des IT-Controllings arbeiten, können Sie den nachfolgend beschriebenen „Schnelltest" in Form einer Eigenbewertung für Ihre Organisation durchführen. Damit haben Sie eine kleine Hilfestellung um zu beurteilen, welche Bereiche Ihrer Organisation noch Entwicklungspotenzial haben und wo Sie ggf. eingreifen können. Insgesamt sind 5 Fragen auf einer Skala von 1 bis 5 zu beantworten, Zwischenwerte sind zulässig. Das Ergebnis kann z. B. als Netzdiagramm dargestellt und mit anderen Organisationen verglichen werden.

**Fragenkatalog IT-Controlling Schnelltest**

**Frage 1: IT-Controller**

1 = Stelle/Person nicht vorhanden
2 = Stelle/Rolle geplant
3 = Stelle/Rolle definiert, nicht besetzt
4 = Rolle besetzt, wird aber neben anderen Aufgaben wahrgenommen
5 = Rolle besetzt, beschäftigt sich überwiegend/ausschließlich mit IT-Controlling

**Frage 2: IT-Strategie**

1 = nicht vorhanden
2 = geplant
3 = vorhanden, innerhalb der IT
4 = vorhanden und kommuniziert
5 = vorhanden und kommuniziert, wird regelmäßig, z. B. jährlich mit der Fachseite erstellt und überwacht

### Frage 3: IT-Standards

1 = nicht oder nur teilweise in Ausnahmefällen vorhanden

2 = geplant für technische Ebene und/oder Prozess-Ebene

3 = vorhanden, nur auf technischer IT-Ebene

4 = vorhanden, auch auf Prozessebene und mit Fachseite abgestimmt und kommuniziert

5 = vorhanden, wird regelmäßig durch das IT-Management in Zusammenarbeit mit dem Controlling aktualisiert

### Frage 4: IT-Portfoliomanagement

1 = nicht vorhanden

2 = für einzelne Bereiche werden Projektbündel definiert, ansonsten gilt das Prinzip „First Come First Serve" o. ä.

3 = Projektbündel werden unternehmensübergreifend bewertet vorhanden

4 = Projektportfolios werden vom IT-Controlling aufgestellt und in Abstimmung mit einem „IT-Board" verabschiedet

5 = Projektportfolios werden regelmäßig (z. B. einmal im Quartal) vom IT-Controlling mit der Unternehmensstrategie abgeglichen und angepasst

### Frage 5: IT-Kosten- und Leistungsrechnung

1 = IT-Kosten sind nicht bekannt/klassifiziert

2 = IT-Kostenarten sind definiert, aber keine Verrechnung von IT-Kosten und Leistungen auf Verursacher

3 = Pauschale Umlage von IT-Kosten und Leistungen

4 = Verursachungsgerechte Verrechnung auf Basis von Plan-Verrechnungssätzen (Plankosten/Planmengen)

5 = Verursachungsgerechte Verrechnung auf Basis von Marktpreisen (Planmenge x Marktpreis)

### Frage 6: IT-Kennzahlen(-system)

1 = Keine systematische Erfassung von Kennzahlen

2 = Einzelne Kennzahlen werden erfasst und berichtet

3 = Für einzelne Kennzahlen gibt es einen definierten Regelkreis/Prozess

(Was ist zu tun, wenn Schwellwerte unter/-überschritten werden)
4 = Kennzahlensystem mit zentralen Kennzahlen im Einsatz
5 = Zentrales Kennzahlensystem mit definierten Prozessen/ Regelkreisen für alle Kennzahlen im Einsatz

**Frage 7: IT-Projektcontrolling**
1 = IT-Projekte sind nicht bekannt/klassifiziert
2 = IT-Projekte sind definiert, aber keine systematische Überwachung
3 = Ausgewählte Projekte werden vom IT-Controlling/IT-Board überwacht
4 = Zentrales Projektmanagementsystem mit ausgewählten Projektkennzahlen im Einsatz
5 = Zentrales Projektmanagementsystem wird zur regelmäßigen Steuerung der Projekte genutzt (Projektantrag, Durchführung, Einführung/Abbruch, Nutzeninkasso)

**Frage 8: IT-Lizenz & Asset-Management**
1 = IT-Assets/Lizenzen sind nicht bekannt/klassifiziert
2 = Ausgewählte IT-Assets/Lizenzen sind bekannt, aber kein regelmäßiger Prozess über den gesamten Life-Cycle
3 = Prozess/Life-Cycle ist definiert, Verantwortliche sind definiert
4 = Prozess/Life-Cycle ist kommuniziert, Mitarbeiter sind geschult, System zum Management ist im Aufbau
5 = Prozess/Life-Cycle ist kommuniziert und im Regelbetrieb (d. h. alle IT-Assets/Lizenzen werden über den gesamten Lebenslauf unternehmensweit überwacht und gesteuert)

In Abb. 1.2 finden Sie ein anonymisiertes Praxisbeispiel von zwölf deutschen Behörden bzw. Anstalten des öffentlichen Rechts. Falls Sie Interesse an einer Eigenbewertung haben, können Sie eine Blankotabelle (Microsoft Excel) unter der Mailadresse andreas.gadatsch@h-brs.de anfordern.

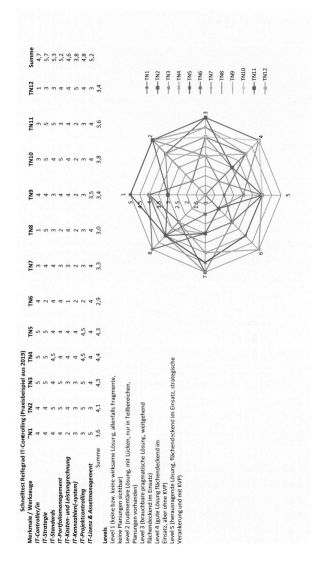

**Schnelltest Reifegrad IT-Controlling (Praxisbeispiel aus 2019)**

| Merkmale / Werkzeuge | TN1 | TN2 | TN3 | TN4 | TN5 | TN6 | TN7 | TN8 | TN9 | TN10 | TN11 | TN12 | Summe |
|---|---|---|---|---|---|---|---|---|---|---|---|---|---|
| IT-Controller/in | 4 | 4 | 5 | 5 | 5 | 4 | 3 | 1 | 4 | 3 | 3 | 1 | 4,7 |
| IT-Strategie | 4 | 4 | 5 | 5 | 5 | 2 | 4 | 5 | 3 | 5 | 5 | 3 | 5,7 |
| IT-Standards | 4 | 5 | 4 | 4,5 | 4 | 4 | 4 | 3 | 3 | 4 | 5 | 3 | 5,3 |
| IT-Portfoliomanagement | 4 | 5 | 5 | 4 | 4 | 1 | 3 | 2 | 4 | 5 | 3 | 4 | 5,2 |
| IT-Kosten- und Leistungrechnung | 2 | 4 | 3 | 4 | 4 | 2 | 2 | 4 | 4 | 2 | 4 | 4 | 4,6 |
| IT-Kennzahlen(-system) | 3 | 3 | 3 | 4 | 4 | 2 | 3 | 2 | 2 | 2 | 2 | 5 | 3,8 |
| IT-Projektcontrolling | 3 | 5 | 5 | 4,5 | 4,5 | 2 | 3 | 3 | 3 | 3 | 3 | 4 | 4,8 |
| IT-Lizenz & Assetmanagement | 5 | 3 | 4 | 4 | 4 | 4 | 3 | 4 | 4 | 4 | 4 | 3 | 5,2 |
| Summe | 3,6 | 4,1 | 4,3 | 4,4 | 4,3 | 2,9 | 3,3 | 3,0 | 3,5 | 3,8 | 3,6 | 3,4 | |

**Levels**

Level 1 (keine bzw. keine wirksame Lösurg, allenfalls Fragmente, keine Planungen sichtbar)

Level 2 (rudimentäre Lösung, mit Lücken, nur in Teilbereichen, Planungen vorhanden)

Level 3 (brauchbare pragmatische Lösung, weitgehend flächendeckend im Einsatz)

Level 4 (gute Lösung flächendeckend im Einsatz, aber ohne KVP)

Level 5 (herausragende Lösung, flächendeckend im Einsatz, strategische Verankerung und mit KVP)

**Abb. 1.2** IT-Controlling Selbsttest – Praxisbeispiel

## 1.2    IT-Controlling-Konzept

### 1.2.1    Begriffsklärung

IT-Controlling hat zahlreiche Facetten und unterstützt unterschiedliche Ziele. Der Begriff wird leider nicht einheitlich definiert. Für den öffentlichen Dienst sind einige Besonderheiten zu berücksichtigen, wenngleich die Überlappungen mit den „Standarddefinitionen" recht groß sind.

**IT-Controlling muss adaptiert werden**
Man kann es drastisch formulieren: IT-Controlling muss für jede Organisation, speziell im öffentlichen Dienst, entwickelt und adaptiert werden. IT-Controlling kann sonst leicht zu einem Instrument der System- und Selbsttäuschung werden, wenn es nicht an die Rahmenbedingungen der jeweiligen Situation angepasst wird. Es ist für die Ausgestaltung des IT-Controllings höchst relevant, ob es sich bei der Organisation um ein Unternehmen, eine öffentliche Organisation oder eine Verwaltung handelt (vgl. Greger 2018).

**IT-Controlling muss ausgleichen und moderieren**
IT-Controlling steht im öffentlichen Sektor im Spannungsfeld verschiedener Ressorts und der jeweiligen Behördenleitung. Die Fachressorts verfolgen jeweils eigene IT-Strategien. Das zentrale IT-Ressort strebt übergreifende IT-Strategien an. IT-Controller stehen daher in einem komplexen innerorganisationalen Spannungsfeld und erfüllen daher eine wichtige Ausgleichs- und Moderationsfunktion (vgl. Abb. 1.3).

**Controller = Steuermann bzw. Steuerfrau**
Controlling ist ein auf dem englischen Wort „to control" basierendes Kunstwort. Fehlerhafte Übersetzungen wie z. B. „Controlling = Kontrolle" haben in der Praxis tätige Controller demzufolge häufig als ungeliebte „Kontrolleure" in Misskredit gebracht. Das englische Wort „to control" bedeutet jedoch „steuern" oder „regeln". Somit ist das Controlling die *„Steuermannslehre"*. Der IT-Controller ist der Steuermann bzw. die Steuerfrau für

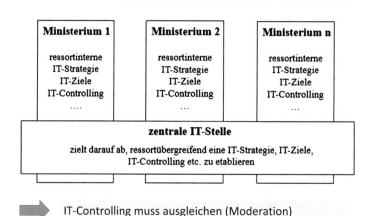

**Abb. 1.3** IT-Controlling im Spannungsfeld verschiedener Interessen

den wirtschaftlichen Einsatz von Informationstechnik. Der Chief Information Officer (Leitung des Informationsmanagements) ist der Kapitän. Im englischen Sprachraum wird „IT-Controlling" nicht verwendet, dort ist *„IT-Performance-Management"* üblich (vgl. hierzu ausführlich Strecker 2008).

**IT-Controlling als betriebswirtschaftliche Aufgabe**
IT-Controlling gilt als Instrument zur Entscheidungsvorbereitung im Rahmen der Nutzung von IT-Ressourcen. Es ist die „… Beschaffung, Aufbereitung und Analyse von Daten zur Vorbereitung zielsetzungsgerechter Entscheidungen bei Anschaffung, Realisierung und Betrieb von Hardware und Software …" (vgl. Becker und Winkelmann 2004, S. 214) und damit eine betriebswirtschaftliche Aufgabe zur Sicherstellung der Effektivität und Effizienz der Informationstechnik im Unternehmen.

**IT-Controlling Leitbild der GI e. V.**
Das *IT-Controller-Leitbild* der Gesellschaft für Informatik (GI e. V.) legt einen weiten Ansatz zugrunde (Barth et al. 2009). Demnach „… gestalten und unterstützen (IT-Controller) den Managementprozess der betrieblichen Informationsverarbeitung und tragen damit eine Mitverantwortung für die Zielerreichung des Informationsmanagements."

## 1.2.2   Aufgaben

Der *Aufgabenumfang* ist nicht einheitlich beschrieben (vgl. hierzu Gadatsch und Mayer 2013). In typischen Stellenanzeigen werden folgende Tätigkeiten genannt:

- Aufstellung und Abstimmung des IT-Budgets,
- Bewertung von Kosten und Risiken die durch IT-Projekte und IT-Systeme entstehen,
- Bewertung und Priorisierung von Projektanträgen,
- Ermittlung des Wertbeitrages der IT am Unternehmenserfolg,
- Wirtschaftlichkeitsanalyse und Bewertung von IT-Projekten und IT-Systemen,
- Beurteilung der Chancen und Risiken von IT-Outsourcing-Maßnahmen,
- Gestaltung und Bewertung von Service-Level-Agreements (SLA) mit IT-Dienstleistern,
- Vorbereitung von Make-or-Buy-Entscheidungen.

IT-Controller müssen also strategische Fragen beantworten (z. B. „Können wir über ein IT-Outsourcing unsere Leistungsfähigkeit verbessern?") und operative Antworten liefern (z. B. „Wie hoch waren die IT-Kosten im Monat Mai für das IT-Produkt Mailserver?"). Einen praxisnahen Katalog typischer Fragestellungen haben Müller et al. (2005, S. 101–102) zusammengestellt:

- Welche Chancen eröffnen innovative IT-Systeme zur Steigerung der Wettbewerbsposition?
- Wie können die Risiken der zunehmenden Abhängigkeit von der IT beherrscht werden?
- Wie können die vielfältigen IT-Anwendungen priorisiert werden?
- Wie können die IT-Projekte in einem ganzheitlichen Programm-Management optimal aufeinander abgestimmt werden?
- Wie kann der Beitrag der IT zur Optimierung der Geschäftsprozesse beurteilt werden?
- Wie kann ex ante die Wirtschaftlichkeit der IT-Anwendungen beurteilt werden?

- Wie kann die Effizienz der Infrastruktur und der Leistungser-
  bringung der IT beurteilt werden?
- Wie kann die Qualität der Zusammenarbeit mit internen und
  externen Partnern gemessen werden?
- Wie kann der Leistungsaustausch zwischen IT- und Fachab-
  teilung effizient bewertet und gesteuert werden?
- Wie kann die Gesamtleistung der IT in einem ganzheitlichen
  System gemessen werden?

Die externe Analyse der Aufgaben des IT-Controllings im öffentlichen Dienst durch einen Berater zeigt auf, dass zahlreiche
Herausforderungen die Arbeit des Controllers beeinflussen (vgl.
Abb. 1.4). Konzeptionelle Mängel bei der Projektentwicklung und
der Entscheidungsfindung, Disziplinmangel in der Projektarbeit,
Fehler im Lieferantenmanagement, Akzeptanz- und Budget-
grenzen sowie Personalmängel (nicht aber zu wenig Personal).

**Spezielle Adaptionen und Werkzeuge**
Obwohl „Öffentlicher Dienst" und „IT-Controlling" auf den
ersten Blick für einen Industrievertreter wenig Gemeinsamkeiten haben mögen, so erstaunlich ist ein hoher Reifegrad in
der Entwicklung, Publikation und Nutzung ausgewählter Werkzeuge festzustellen. So hat der CIO des Bundes eine für nach-
geordnete Behörden verbindliche IT-Strategie erstellen lassen
(vgl. CIO Bund o. J.). Daneben finden sich auf der genannten

**Abb. 1.4** IT-Controlling – Aufgaben im öffentlichen Dienst (Mahrenholz
o. J.)

Webseite weitere zahlreiche Standards und Vorgaben, die auch in Unternehmen relevant wären (Kalkulator für Wirtschaftlichkeitsberechnungen für IT-Projekte, Zentrale Einkaufsbedingungen für die IT-Beschaffung, Rahmenarchitekturen für die IT u. a. m.).

**Aufgabenprofile**
Die Stellenanzeigen für IT-Controller sind teilweise etwas „budgetorientierter" und mit mehr Fokus auf „Steuerung externer Dienstleister" als dies in der Industrie der Fall ist. Allerdings sind die Unterschiede nicht so gravierend, als dass man von verschiedenen Welten sprechen könnte.

---

**Beispiel für eine Stellenausschreibung für einen IT-Controller**

- **Erstellung erforderlicher IT-Konzepte** auf Basis entsprechender organisatorischer Betrachtungen
- **Erstellung komplexer IT-Ausschreibungsunterlagen** sowie Mitarbeit bei der **Bewertung der Angebote** und nachfolgender vertraglicher Abwicklung der Lieferung
- Erstellung von Haushaltsunterlagen
- Planung und Durchführung von Ad-hoc-Projekten auf Basis vorhergehender Organisationsanalyse
- organisatorische **Planung von Personalressourcen** und des Personaleinsatzes in Projekten
- **Controlling laufender IT-Projekte,** insbesondere im Technologiemanagement
- Management und Controlling von Verträgen mit Herstellern (Microsoft, Cisco, HP etc.)
- **Controlling der Leistungserbringung eines Generalunternehmers**
- **Beurteilung beauftragter Realisierungsvorschläge** (z. B. servergestützte Roll-Out-Konzepte) und deren Abgleich gegen IT- und RZ-Organisationsrichtlinien
- strategische Weiterentwicklung der Hardware- und Netzwerkarchitektur

Ein sehr gutes IT-Controlling-Konzept hat die Zürcher Kantonal-bank bereits vor mehreren Jahren veröffentlicht (vgl. Betschart 2010). Es zeigt, dass die Rolle des IT-Controllers sehr stark service- und moderationsorientiert ausgestaltet ist, aber dennoch eine große Mitverantwortung für Zielerreichung der Organisation enthält.

---

**Beispiel für ein IT-Controlling-Konzept (Zürcher Kantonalbank)**

- Wir IT-Controller gestalten, moderieren und begleiten den Management-Prozess der IT-Planung, -Abrechnung (Über-wachung) und -Steuerung (Reporting) so, dass jeder Ent-scheidungsträger ziel- und nutzenorientiert handeln kann.
- Wir tragen Mitverantwortung für die Zielerreichung. Wir richten uns nach einem prozessorientiertem IT-Controlling. Unser (Wert-) Beitrag besteht in der Förderung der Effektivi-tät, Effizienz sowie Transparenz der IT.
- Wir unterstützen sowohl IT-Auftraggeber als auch die IT-Leistungsersteller

---

Das Spannungsfeld für das IT-Controlling ist groß. Die Perspek-tiven der verschiedenen Stakeholder wie z. B. Behördenleitung, CIO, Referatsleitung und nicht zuletzt dem IT-Controller sind hoch (vgl. Abb. 1.5). Jeder der Beteiligten hat seine eigene Sicht-weise auf das, was man unter IT-Controlling verstehen kann.

Selbst innerhalb der Wirtschaftswissenschaften, der Informatik und Wirtschaftsinformatik ist es umstritten, wie IT-Controlling in die Disziplinen eingeordnet wird. Eine Lehrmeinung betrachtet IT-Controlling als Teil des Informationsmanagements (Planung, Steuerung und Kontrolle der IT), eine weitere Lehrmeinung sieht IT-Controlling als Teil des Lehrgebietes Controlling (Die „IT" ist das Controlling-Objekt). Als pragmatischer Ansatz gilt die Ansicht, dass IT-Controlling als vernetzende Disziplin (Steuerung und Gestaltung des IT-Einsatzes) zu betrachten ist (Gadatsch und Mayer 2013, S. 33).

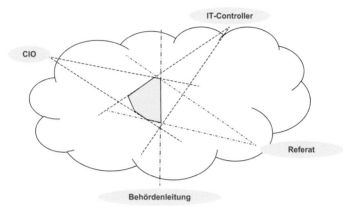

**Abb. 1.5** Perspektiven verschiedener Stakeholder auf das IT-Controlling

## 1.2.3  Organisationskonzepte

**Rollenverteilungen**
Die Aufgaben des IT-Controllers überlappen sich teilweise mit
denen des Informationsmanagements. Der Chief Information
Officer (CIO) als Leiter des Informationsmanagements hat
die Gesamtverantwortung für die Informationsverarbeitung
in einer Organisation. Er erarbeitet Visionen und Konzepte
für zukünftige technische Möglichkeiten und berät die Fachbereiche bei der Gestaltung ihrer Geschäftsprozesse. Außerdem
ist er für die operative Umsetzung der Konzepte und den Betrieb
der IT verantwortlich. „Der CIO ist die geschäfts- und ergeb-
nisorientierte, hauptverantwortliche Persönlichkeit im (Top-)
Management für die strategischen IT-Belange einer Organisation." (vgl. Baurschmidt 2010).

**CIO als Entscheidungsträger**
Der IT-Manager (CIO = Chief Information Officer) hat die Ent-
scheidungs- und Umsetzungsverantwortung für IT-Maßnahmen.
Er informiert und beteiligt den IT-Controller in wesentlichen

Fragen. Beispiele für typische IT-Entscheidungen im öffentlichen Dienst in Abhängigkeit von der Ausgestaltung der CIO-Organisation und Einordnung in die Hierarchie sind in Tab. 1.1 dargestellt.

Eine Studie der TU Ilmenau (vgl. Nissen et al. 2016) hat ergeben, dass sich die CIO-Profile in der öffentlichen Verwaltung und der Privatwirtschaft stark voneinander unterscheiden. Die CIO-Profile sind nicht direkt vergleichbar, so gibt es im öffentlichen Sektor häufig einen IT-Architekten mit operativen Aufgaben, eine Rolle die es in der Privatwirtschaft nicht in dieser Form gibt. Im öffentlichen Sektor gibt es weiterhin ein Profil, das sich als „IT-Projektmanager" bezeichnen lässt, in diesem Fall hat der CIO noch viele operativ-technische Aufgaben, wie z. B. Wartungsaufgaben bei technischen Komponenten (Nissen et al. 2016, S. 251). Ein typisches Aufgabenprofil für einen CIO bzw. in diesem Fall als CDO (Chief Digital Officer) bezeichneten IT-Manager im öffentlichen Dienst zeigt eine kürzlich erschienene Stellenanzeige der Bundesanstalt für Finanzdienstleistungsaufsicht (BaFIN 2019):

**Tab. 1.1**  Beispiele für IT-Entscheidungen im öffentlichen Dienst (Schwertsik et al. o. J., S. 214) (modifiziert)

| Stabsstelle | Entwicklung eines IT-Controlling-Systems<br>Definition von IT-Zielen<br>Definition von Standard-Office-Clients |
|---|---|
| Lenkungsausschuss | Billigung des IT-Controlling-Systems<br>Billigung der IT-Hauptziele |
| Service-Center | Auswahl der Plattformen für Anwendungen<br>Auswahl und Bereitstellung von Firewalls<br>Bereitstellung eines WAN |
| Kompetenz-Center | Entwicklung und Betrieb einer für alle Ressorts benutzbaren Anwendung (z. B. Personalmanagement, Virtuelle Poststelle) |
| Ressort-IT | Auswahl (Typ und Anzahl) von Standard-Office-Clients für die nachgeordneten Bereiche<br>Dezentrale Beschaffung von IT-Komponenten |

- Als Chief Digital Officer (CDO) sind Sie zuständig für die Aktualisierung, Weiterentwicklung und übergreifende Koordinierung der Gesamtumsetzung der Digitalisierungsstrategie der BaFin. Eine Ihrer Hauptaufgaben ist es, die digitale Transformation der BaFin zu koordinieren und voranzutreiben. Das schließt ein Change- und Akzeptanz-Management ein, das den Kulturwandel innerhalb der BaFin weiter fördert.
- Ihr Ziel ist es, die Aufsichts- und Unterstützungsprozesse der BaFin weitgehend papierlos und geschäftsbereichsübergreifend effizienter zu gestalten, angemessene neue Herangehensweisen mit Blick auf das Aufsichtsinstrumentarium zu entwickeln, sodass die BaFin weiterhin die ihr übertragenen Aufgaben effizient und mit hoher Qualität erfüllen kann.
- Sie sind mit Ihrer unterstützenden Einheit, dem Digital Office, als Stabsstelle direkt der Exekutivdirektorin Innere Verwaltung und Recht (IVR) unterstellt und so organisatorisch an den entscheidenden Schnittstellen zwischen Personal, IT, Organisation und Haushalt/Finanzen verortet.
- Sie berichten regelmäßig dem Direktorium sowie dem Steuerungsboard CDO – besetzt mit dem Präsidenten sowie der Exekutivdirektorin IVR – und sorgen für die Umsetzung der Vorgaben zur strategischen Ausrichtung, operativen Umsetzung und Standardsetzung.

**IT-Controller als unabhängiger Berater des CIO**
Der IT-Controller ist der unabhängige Berater des obersten IT-Managements, also üblicherweise dem CIO oder dem IT-Leiter. Er liefert betriebswirtschaftliche Methoden und Werkzeuge, ist verantwortlich für die Steuerung des IT-Controllings und überwacht die IT-Projekte der Anwender. Der IT-Controller muss die Transparenz herstellen, die der CIO benötigt, um die „richtigen" Entscheidungen in Bezug auf die IT-Strategie, IT-Planung und Steuerung der erforderlichen Maßnahmen zu treffen (vgl. Abb. 1.6).

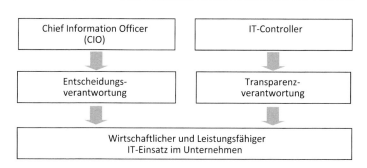

**Abb. 1.6** Rollenverteilung zwischen CIO und IT-Controller. (In Anlehnung an Kütz 2006, S. 9)

### IT-Controller als Dienstleister und Überwachungsinstanz

Der IT-Controller ist Dienstleister (Schaffung von Transparenz) für das Informationsmanagement und Überwachungsinstanz (Einhaltung von Regeln, z. B. Budgets) des CIOs zugleich, was in der Praxis zu Rollen-Konflikten und unterschiedlichen Organisationskonzepten führt. Die Einordnung des IT-Controllers in die Unternehmenshierarchie ist sehr unterschiedlich geregelt. Folgende Grundvarianten der organisatorischen Ausgestaltung sind in der Praxis anzutreffen: Partnerschaftsmodell (IT-Controller gleichrangig mit CIO), Mitarbeitermodell (IT-Controller als CIO-Mitarbeiter), Controlling-Modell (Mitarbeiter im Controlling) (vgl. Abb. 1.7).

### Partnerschaftsmodell

Beim Partnerschaftsmodell ist das IT-Controlling direkt der Unternehmensleitung unterstellt und damit auf der gleichen Hierarchiestufe wie der CIO. Die in Abb. 1.6 skizzierte Rollenverteilung zwischen CIO und Leiter IT-Controlling ist damit vollständig abbildbar. Das IT-Controlling ist unabhängig und kann eigenständig agieren. Dieses Modell ist typisch für Organisationen bei denen die Leistung eng mit der IT verwoben ist, wie z. B. Banken oder Versicherungen. Auf den öffentlichen Dienst übertragen, wären dies Organisationen mit hohem Dienstleistungscharakter, der stark durch IT unterstützt wird.

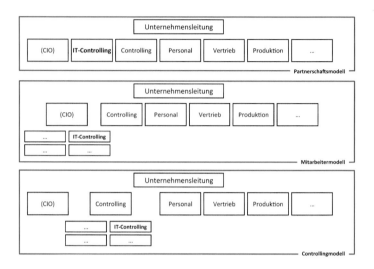

**Abb. 1.7** Organisationskonzepte für das IT-Controlling

**Mitarbeitermodell**

Das Mitarbeitermodell ordnet den Leiter des IT-Controllings dem CIO unter. Die in Abb. 1.6 vorgestellte Rollenverteilung zwischen CIO und dem IT-Controllerdienst ist wegen der disziplinarischen Einordnung und möglicher Rollenkonflikte nur teilweise realisierbar. Der CIO könnte im Konfliktfall Einwände des IT-Controllers zurückweisen. Dieses Konzept findet man häufig in Industrien mit starker Trennung von Produktions-IT (hoher IT-Anteil in Produktions- und Montagesystemen, wie z. B. Automobilindustrie) und allgemeiner IT (IT-Arbeitsplatz, Dokumentenmanagement,Enterprise-Resource-Planning,Customer-Relationship-Management).

**Controlling-Modell**

Das „Controlling-Modell" betrachtet IT-Controlling als Teilaufgabe des allgemeinen Controlling der Organisation. Das IT-Controlling ist durch die Einordnung in das allgemeine Controlling gegenüber dem CIO nicht weisungsgebunden. Auch in dieser Variante ist die vorgestellte Rollenverteilung zwischen dem CIO und IT-Controller darstellbar. In der Praxis fokussiert sich das IT-Controlling stärker auf finanzielle Aspekte wie Kostenplanung, Budgeteinhaltung, Wirtschaftlichkeitskontrolle.

**Organisationskonzepte in der Praxis**
Alle vorgestellten organisatorischen Konzepte sind in der Praxis anzutreffen. Die Langzeitstudie „IT-Controlling in der Praxis" der Hochschule Bonn-Rhein-Sieg und der Hochschule Anhalt zeigt, dass IT-Controller dem CIO zu 51 %, dem Leiter Controlling zu 27 % und in seltenen Fällen (9 %) der Geschäftsführung bzw. dem Vorstand unterstellt sind (9 %) (vgl. Gadatsch et al. 2013). Eine häufige Variante in Behörden ist die Integration der Rolle des IT-Controllings als Teil des Anforderungs-Managements. Der IT-Controller vertritt somit die Fachseite der Behörde.

## 1.2.4   Methoden und Werkzeuge

Dem IT-Controller stehen strategische und operative Methoden bzw. Werkzeuge zur Verfügung (vgl. Abb. 1.8). Strategische Methoden sind insbesondere die IT-Strategie, die IT-Balanced Scorecard, die Entwicklung von IT-Standards, das IT-Portfolio-management sowie das IT-Sourcing.

| Ebene | Werkzeugkoffer des IT-Controllers | | | |
|---|---|---|---|---|
| Strate-gisch | **IT-Strategie** (Unterstützung des IT-Managements bei der Ausgestaltung und Umsetzung der IT-Strategie) | **IT-Balanced Scorecard** (Bereitstellung und Analyse strategischer Kennzahlen, Monitoring der IT-Strategie) | **IT-Standardi-sierung / Kon-solidierung** (Unterstützung des IT-Managements bei der Festlegung und Durchsetzung von Programmplänen, Konsolidierungsvorhaben und IT-Standards) | **IT-Portfolio-Management** (Konzeption und Ausgestaltung des IT-Portfolio-Managementprozesses, Bewertung, Auswahl und Steuerung von Neu- oder Wartungsprojekten, Bewertung von IT-Sicherheitsprojekten) |
| Ope-rativ | **IT-Kosten- und Leistungsrechnung** (Konzeption und Ausgestaltung der IT-Kostenarten-, Kosten-stellen-, und Kostenträger-rechnung, IT-Deckungs-beitragsrechnung, IT-Investitionsrechnung, Wirtschaftlichkeitsanalysen und Projektkalkulationen, Abweichungsanalysen / Soll-Ist-Vergleiche | **Geschäftspartner-management** (Sicherstellung der Controlling-Perspektive beim IT-Vertrags- und IT-Beratermanagement, Benchmarking von IT-Lieferanten und Mitwirkung bei der Ausgestaltung von IT-Service Level Agreements) | **IT-Reporting** (Entwicklung und Nutzung von IT-Kennzahlensysteme, Ausgestaltung des IT-Berichtswesens) | **IT-Projekt-controlling** (Projektplanung und Aufwandschätzung, Bewertung von Projektanträgen, Projektfortschritts-analyse, Earned-Value-Analyse, Wirtschaftlichkeits-und Risikoanalysen, Berichtswesen und Dokumentation, Reviews/Audits. **IT-Prozess-Management** (IT-Sourcing, IT-Outsourcing / IT-Offshoring, Einsatz von IT-Referenz-prozessen, IT-Asset- und Lizenzmanagement) |

**Abb. 1.8**  Werkzeugkoffer des IT-Controllers

**Strategische Methoden**

*Strategische Methoden* unterstützten das IT-Management bei der
Formulierung, Umsetzung und Überwachung der IT-Strategie
(vgl. ausführlich Gadatsch und Mayer 2013). Die IT-Strategie
basiert i. d. R. auf IT-Standards (z. B. konkrete Vorgaben für
bestimmte Anwendungssysteme). Die Überwachung eingeleiteter
Maßnahmen unterstützt die IT-Balanced Scorecard-Methode.
Eine aktive Rolle des Controllings im IT-Portfolioausschuss
für strategisch wichtige IT-Projekte sichert die zielorientierte
Auswahl relevanter Projekte. Die effiziente Ausgestaltung der
Beschaffung von IT-Leistungen (IT-Sourcing) sichert Einsparpotenziale für das Unternehmen. Der IT-Controller analysiert und
beurteilt die Beschaffungsprozesse des Unternehmens, erarbeitet
Optimierungsvorschläge und initiiert entsprechende Maßnahmen.

**Operative Methoden**

Zu den *operativen Methoden* gehören die IT-Kosten- und
Leistungsrechnung, das Geschäftspartnermanagement, das Reporting auf Basis von IT-Kennzahlen und das IT-Projektcontrolling
auf Basis der Earned-Value-Analyse (vgl. ausführlich Gadatsch
und Mayer 2013). Eine funktionierende Kosten- und Leistungsrechnung liefert dem IT-Controllerdienst detaillierte Analysen. Sie
erfasst Kosten und Leistungen für die Erstellung der IT-Dienste
und verrechnet sie verursachungsgerecht auf die Nutzer. Bei
IT-Projekten ist es üblich zahlreiche spezialisierte IT-Dienstleister einzubinden. Dies erfordert ein Vertrags- und Berater-
management sowie ein Benchmarking der Geschäftspartner.
Service-Level-Agreements sichern einen hohen Leistungsgrad der
Geschäftspartner und erlauben es dem IT-Controller, bei Vertrags-
verletzungen einzugreifen. Das IT-Berichtswesen bzw. Reporting
basiert zu großen Teilen auf Daten der IT-Kosten- und Leistungsrechnung. IT-orientierte Kennzahlen liefern ein umfassendes Bild
über geplante, laufende und abgeschlossene IT-Projekte und den
IT-Betrieb. Der Aufbau eines IT-Kennzahlensystems und die
Versorgung des IT- und Fachmanagements mit Kennzahlen und
Analysen stellt eine wichtige Aufgabe des IT-Controllers dar.
Die Mitarbeit des IT-Controllers in IT-Projektteams erlaubt es,

frühzeitig IT-Projekte beeinflussen zu können. Die Genehmigung von IT-Projekten wird durch ein formalisiertes Genehmigungsverfahren des IT-Controllings standardisiert. Es verhindert den Start riskanter und unwirtschaftlicher Projekte. Eine permanente Projektfortschrittsanalyse, die regelmäßige Ermittlung der geschaffenen Werte (Earned-Value-Analyse) und fallweise Reviews überwachen laufende Projekte, um frühzeitig Schwachstellen und Fehlentwicklungen zu korrigieren.

## 1.2.5 Warum IT-Controlling?

Es gibt (leider) zahlreiche Gründe, die für die Einrichtung von IT-Controlling-Stellen sprechen. So gibt es immer wieder Beispiele für fehlgeschlagene IT-Projekte im öffentlichen Sektor. So hat z. B. der Energieversorger der Stadt Köln vor mehreren Jahren enorme Probleme mit der Inbetriebnahme einer SAP-Standardlösung gehabt (vgl. Computerwoche 2001). Die Einführungsprojekte für neue IT-Verfahren erscheinen besonders kritisch. Beim Einführungsprozess von Software empfiehlt es sich daher, den IT-Controlling-Service frühzeitig in das Projekt einzubinden, insbesondere in den Phase Voruntersuchung, Organisation- und Konzeption, aber auch später wieder vor der Inbetriebnahme und dem Rollout. Ein häufiges Problem ist die fehlende Kostentransparenz, da keine ausreichenden Informationen zu IT-Kosten- und Leistungen vorliegen. Ohne IT-Leistungsverrechnung ist keine effektive IT-Steuerung möglich. Viele IT-Kosten sind nicht sichtbar (z. B. Kollegenhilfe aufgrund mangelnder Schulung, Systemausfälle wegen fehlender Wartung). Man spricht hier von „indirekten Kosten", die nur durch Sonderanalysen sichtbar gemacht werden können und denen durch geeignete Maßnahmen entgegengewirkt werden. Ein zunehmend drängenderes Problem ist die Vielzahl von neuen Anwendungen, die mittels Cloud-Technologie bereitgestellt werden. Hier ist es notwendig, einen neutralen IT-Strategieabgleich sowie eine Wirtschaftlichkeitsanalyse durchzuführen.

## 1.3    Übungen

**Wiederholungsfragen**
- Nennen Sie einige typische Aufgaben für IT-Controller, differenzieren Sie nach „Leistungsorientierten" und „Kostenorientierten" Aufgaben
- Erläutern Sie organisatorische Ansätze für das IT-Controlling und diskutieren Vor- bzw. Nachteile
- Vergleichen Sie die Aufgaben des IT-Controllers mit denen des Chief Information Officers (CIO)
- Welche Gründe würden Sie anführen, um ihre Leitung davon zu überzeugen, dass ein IT-Controlling eingeführt werden sollte?

**Fallbeispiel**
Eine mittelgroße Organisation (z. B. Stadtverwaltung, Eigenbetrieb) kennt ihre IT-Kosten nicht und hat keinen Überblick über die laufenden und geplanten IT-Projekte. Zudem werden viele IT-Aktivitäten ad hoc erledigt und nicht als „Projekt" geführt. Die IT-Leitung kümmert sich mit viel Leidenschaft und Fachwissen um technische Fragen (Hardware, Netzwerke u. a.) aber wenig um Strategie und Prozesse. Sie schlagen der Leitung als Lösung die Einstellung eines IT-Controllers bzw. einer IT-Controllerin vor.

- Welche Aspekte sind bei der Einführung von IT-Controlling zu beachten?
- Was sind wichtige Aufgaben der zukünftigen IT-Controllers?
- Wie könnte die Abgrenzung zur IT-Leitung aussehen?
- Formulieren Sie eine prägnante Stellenanzeige für eine/einen neu einzustellenden IT-Controller/in.

## 1.4    Zusammenfassung

- IT-Controlling ist eine unabhängige Dienstleistungsaufgabe zur Unterstützung des Informationsmanagements
- Der Chief Information Officer (CIO) ist verantwortlich für die Umsetzung der Ziele des Informationsmanagements
- Der IT-Controller hat die Verantwortung für die Transparenz
- Die Organisation orientiert sich an den Anforderungen des Unternehmens: *Partnerschaftsmodell* (IT-Controller gleichrangig mit CIO), *CIO-Mitarbeiter-Modell* (IT-Controller als CIO-Mitarbeiter), *Controlling-Modell* (Mitarbeiter im Controlling)
- Ohne IT-Controlling sind viele IT-Projekte gefährdet, da die neutrale Beratungs- und Kontrollinstanz fehlt.

## Literatur

BaFIN (Hrsg.): Stellenanzeige für einen CDO. https://www.service.bund.de/SiteGlobals/Functions/anlage/anlageGenericJSP;jsessionid=60F23BC8DA88AA0BAE3A62DADC2817BA.2_cid376?view=renderAnlage&contentId=11918192&docId=2725921. Zugegriffen: 1. März 2019

Barth, M., Gadatsch, A., Kütz, M., Rüding, O., Schauer, H., Strecker, S.: Leitbild IT Controller/ in: Beitrag der Fachgruppe IT-Controlling der Gesellschaft für Informatik. ICB-Research Report, Nr. 32, Institut für Informatik und Wirtschaftsinformatik, Universität Duisburg-Essen, http://www.icb.uni-due.de/researchreports/reportliste/ (2009). Zugegriffen: 30. Apr. 2019

Baurschmidt, M.: Karriereentwicklung des Chief Information Officer (CIO) aus systemisch-konstruktivistischer Perspektive, Diss., Duisburg-Essen, Universität Duisburg-Essen (2010)

Becker, J., Winkelmann, A.: IV-Controlling. Wirtschaftsinformatik. **46**, 213–221 (2004)

Betschart, A.: IT-Controlling-Konzept der Zürcher Kantonalbank, Zürich, 10.01.2010

Bundesminister des Innern (Hrsg.): Digitale Verwaltung 2020, Regierungsprogramm 18. Legislaturperiode. Bundesminister des Innern, Berlin (2014)

CIO Bund (Hrsg.): IT-Strategie des Bundes. https://www.cio.bund.de/Web/DE/Strategische-Themen/IT-Strategie%20Bund/it_strategie_bund_node.html;jsessionid=B59378665CE255650DCC3145726EC92D.1_cid350 (o. J.). Zugegriffen: 03.2019

Computerwoche, Nr. 46, 16.11.2001 „SAP-Projekt bringt Stromversorger in Not" (2001)

2

Gadatsch, A., Mayer, E.: Masterkurs IT-Controlling, 5. Aufl. Springer Vieweg, Wiesbaden (2013)

Gadatsch, A., Kütz, J., Juszczak, J.: Ergebnisse der 4. Umfrage zum Stand des IT-Controllings im deutschsprachigen Raum. Schriftenreihe des Fachbereiches Wirtschaft Sankt Augustin, Bd. 33. Hochschule Bonn-Rhein-Sieg, Sankt Augustin (2013)

Greger, V.: Analyse und Gestaltung des IT-Controllings in der öffentlichen Verwaltung, Diss., TU München, München (2018)

Hartmann, K., Lange, P., Bauer, T.: IT-Management im öffentlichen Sektor. Erfolgsfaktoren für Großprojekte in Behörden und Verwaltungen. eGO-VERNMENT Comput. **ohne Jahrgang**(007), 19 (2019). (ISSN 1618-3142)

Heuermann, R., Engel, A., von Lucke, J.: Digitalisierung: Begriff, Ziele und Steuerung. In: Heuermann, R., Tomenendal, M., Bressem, C. (Hrsg.) Digitalisierung in Bund, Ländern und Gemeinden, S. 9–50. Gabler, Wiesbaden (2018)

Kornwachs, K.: Digitalisierung – Revolution oder Gestaltungsauftrag?, Dialogreihe „Innovation und Verantwortung". In: Digitalisierung und Arbeitswelt, 12–13 November 2018

Kütz, M.: IT-Steuerung mit Kennzahlensystemen. dpunkt-Verlag, Heidelberg (2006)

Mahrenholz, O.: IT-Controlling in der öffentlichen Verwaltung?, o. O. https://www.controllingportal.de/upload/iblock/c0f/174fba01d31e28cdbb-fbb5026bff51e5.pdf (o. J.). Zugegriffen: 29. Apr. 2019

Müller, A.; Thienen, L. von; Schröder, H.: IT-Controlling: So messen Sie den Beitrag der Informationstechnologie zum Unternehmenserfolg. Der Controlling Berater 01,  99–122 (2005)

Nissen, V., Termer, F., Petsch, M., Müllerleile, T., Koch, M.: Aufgaben und Anforderungen an den CIO – ein Vergleich zwischen Privatwirtschaft und öffentlicher Verwaltung. HMD **53**, 239–253 (2016). https://doi.org/10.1365/s40702-016-0220-2

Schenk, B., Dietrich, A.: Die Digitale Transformation als Disruption der öffentlichen Verwaltung. In: Arnold, C., Knödler, H. (Hrsg.) Die informatisierte Service-Ökonomie: Veränderungen im privaten und öffentlichen Sektor. Gabler, Wiesbaden (2018)

Schwertsik, A.R., Wolf, P., Krcmar, H.: Entscheidungsstrukturen der IT-Governance in der öffentlichen Verwaltung: Ergebnisse einer Fallstudie, S. 214. Gesellschaft für Informatik e. V., München (o. J.)

Strecker S.: „IT-Performance-Management: Zum gegenwärtigen Stand der Diskussion". Controlling **20**, Nr. 10, 518–523 (2008)

von Roeder, M.: Mutter alles Neuen. NEXT INDUSTRY 04, 43–47 (2018)

Wittenhorst, T.: Bundespolizei speichert Bodycam-Aufnahmen in Amazons AWS-Cloud, Heise Online, 03.03.2019. https://www.heise.de/newsticker/meldung/Bundespolizei-speichert-Bodycam-Aufnahmen-in-Amazons-AWS-Cloud-4324689.html (2019). Zugegriffen: 27. Apr. 2019

# IT-Strategie versus Digitalstrategie

**2**

## Von der IT-Strategie zur Digitalstrategie

*Ohne Strategie kein IT-Controlling*

**Zusammenfassung**

IT-Strategien wurden bislang aus der Strategie einer Organisation abgeleitet. Aktuell ist ein Trend zu einer Verschmelzung der Organisationsstrategie und der IT-Strategie zu einer Digitalstrategie erkennbar. In diesem Abschnitt wird die Relevanz einer IT-Strategie bzw. Digitalstrategie im Kontext des IT-Controllings behandelt. Zudem werden die Unterschiede einer Digitalstrategie im Vergleich zur klassischen IT-Strategie thematisiert und die Auswirkungen aufgezeigt.

## 2.1 IT-Strategie als Basis für das IT-Controlling

Das Zielsystem eines Unternehmens orientiert sich primär am Hauptziel der Gewinnmaximierung. Das Zielsystem öffentlicher Einrichtungen berücksichtigt politisch-juristische Ziele (Ausführung gesetzlicher Aufgaben) und zunehmend auch ökonomische Ziele (Sicherstellung einer wirtschaftlichen Haushaltsführung) (vgl. z. B. Bachmann 2009, S. 170–171). Hieraus resultiert die finale Behördenstrategie, welche Einfluss auf die IT-Strategie und

© Springer Fachmedien Wiesbaden GmbH, ein Teil von Springer Nature 2020
A. Gadatsch, *IT-Controlling für die öffentliche Verwaltung kompakt,*
IT kompakt, https://doi.org/10.1007/978-3-658-28580-7_2

das IT-Controlling hat. Ohne eine *IT-Strategie* ist kein sinnvolles IT-Controlling möglich, weil die Ausgangsgrundlage, die Zielvorgabe, fehlt. Eine IT-Strategie liefert die Basis für eine vorausschauende Planung zukünftigen Handelns. Sie dient der Umsetzung und dem Monitoring IT-orientierter Maßnahmenbündel zur Realisierung strategischer Unternehmensziele.

Die klassische Wirkung einer IT-Strategie (nach Krcmar 2005, S. 399) auf die Leistungsfähigkeit einer Behörde ist in Abb. 2.1 dargestellt. Die allgemeine Behördenstrategie wird überführt in eine IT-Strategie, welche die Grundlage für die IT-Architektur der Behörde ist. Die Behördenstrategie wirkt zudem auf die Aufbauorganisation (Organigramm) und die Ablauforganisation (Geschäftsprozesse). Die IT-Architektur stellt die Infrastruktur für die Prozesse bereit. Die Summe aller Einzelwirkungen beeinflusst die Leistungsfähigkeit der Behörde.

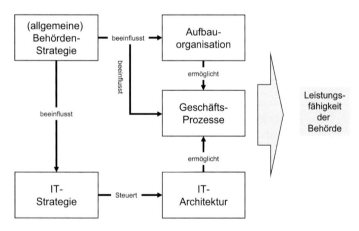

**Abb. 2.1** Wirkung der IT-Strategie auf die Leistungsfähigkeit einer Behörde. (Krcmar 2005, S. 399, modifiziert)

## 2.2    Inhalte einer IT-Strategie

Wesentliche Inhalte einer klassischen IT-Strategie sind folgende Aspekte (vgl. ausführlich Gadatsch und Mayer 2013):

- Formulierung eines Sollzustandes (Wohin wollen wir?),
- Auflistung des Handlungsbedarfs (Was müssen wir tun?),
- Aufzeigen von Handlungsoptionen (Was haben wir für Alternativen?),
- Setzen von Zielen und Definieren von Maßnahmen (Was ist wann konkret zu tun?),
- Benennung der Verantwortungsträger (Wer führt die Maßnahmen durch?),
- Bestimmung von Messgrößen für das Ziel-Monitoring (Wann haben wir die Ziele erreicht?).

Eine Studie der Hochschule Bonn-Rhein-Sieg hat u. a. die Häufigkeit der Erstellung von IT-Strategien in verschiedenen Sektoren untersucht (vgl. Gadatsch et al. 2017): Im Dienstleistungs-Sektor und der Industrie wird überwiegend eine IT-Strategie erstellt, im öffentlichen Dienst dagegen erstellen weniger als 50 % der befragten Teilnehmer eine IT-Strategie mit einer durchschnittlichen Reichweite von drei bis zu vier Jahren. Die IT-Strategien werden in den meisten Fällen jährlich angepasst.

**IT-Strategie Ausprägungen**

IT-Strategien können aggressiv, moderat oder defensiv ausgelegt werden (Heinrich und Stelzer 2009, S. 130). Eine aggressive IT-Strategie verfolgt das Ziel der Führerschaft beim Technologieeinsatz. Man möchte schneller als seine Wettbewerber sein. Aktuelle Themen wären Digitalisierung, Industrie 4.0, Internet der Dinge (IoT, Internet of Things) oder Big Data. Eine moderate IT-Strategie beinhaltet die Nachahmung des Mitbewerberverhaltens, je nach dessen Erfahrungen wird den Maßnahmen gefolgt oder nicht. Als Beispiel lässt sich der Einsatz branchentypischer Software, wie z. B. SAP ERP anführen. Eine defensive IT-Strategie setzt primär bewährte Standardlösungen

ein, wie z. B. der Einsatz bewährter Standardprodukte wie
Microsoft Office für die Arbeitsplatzunterstützung. Es gibt keine
von Wettbewerbern abweichenden Vorgehensweisen.

**Empirische Inhalte von IT-Strategien**
In der Praxis werden in IT-Strategien das Angebotsportfolio der
IT einschließlich Outsourcing sowie verschiedene technische
Aspekte festgelegt. Hierzu gehören insbesondere (vgl. Hanschke
2009, S. 44–45):

- IT-Dienstleistungs- und Produktportfolio
  - Eigenentwicklung und Anwendungsbetreuung
  - Einführung Betreuung von Standardsoftware
  - Bereitstellung, Entstörung von Hardware und Software,
    Schulung

- Informationssystem-Landschaft (IS-Landschaft)
  - Softwaresysteme für Prozesse
  - Welche Standardsoftware/Releases?

- Betriebsinfrastruktur
  - Hardware und Betriebssysteme, Netzwerke
  - Ausstattung des Rechenzentrums, Kühlung, Gebäude
  - Endgeräte

- IT-Standards
  - Datenbanken, Internet, Betriebssysteme,
  - Ggf. Standardsoftware für bestimmte Aufgaben

- Lieferanten & Mitarbeiter
  - Welche Mitarbeiter mit welchen Aufgaben?
  - Berater für welche Aufgaben?

Das Themenspektrum in IT-Strategien ist in der Regel sehr
weit gefasst und oft auch sehr getrieben von aktuellen Trends.
So ergab die fünfte Umfrage zum IT-Controlling im deutschen
Sprachraum der Hochschule Bonn-Rhein-Sieg (vgl. Gadatsch
et al. 2013) folgende Themenfelder:

- Infrastruktur/Technologien/Cloud Computing,
- Anwendungen und Services,
- Governance/Rolle der IT in der Organisation,
- Sourcing und Supplier Management,
- Digitalisierung,
- Business und Customer Relationship,
- Informationsmanagement,
- Innovationsmanagement/Business Enabling,
- Industrie 4.0,
- Big Data,
- Mobile Computing,
- Personal/Personalentwicklung,
- E-Commerce/E-Business,
- Social Media.

Die IT-Strategien im öffentlichen Dienst (3 Nationale Strategien, 16 Strategien der deutschen Bundesländer) wurden von Obermeier et al. (2012) eingehend untersucht. Sowohl die Struktur, als auch die Inhalte unterscheiden sich sehr stark. Sucht man Gemeinsamkeiten der IT-Strategien im öffentlichen Sektor muss man stark abstrahieren. Gemeinsamkeiten ergeben sich erst auf folgendem Abstraktionsniveau:

- Beschreibung der Rahmenbedingungen,
- Beschreibung des Status Quo,
- Beschreibung der aktuellen Herausforderungen,
- Festlegung von Zielen und
- Ableitung von Handlungsempfehlungen (Obermeier et al. 2012, S. 1581).

## 2.3   Von der IT-Strategie zur Digitalstrategie

### Kategorien von IT-Strategien

Aktuelle IT-Strategien der Praxis lassen sich grob in drei Kategorien untergliedern:

- **Klassische IT-Strategie:** Die IT sieht sich als reiner Dienstleister,
- **Digitale Transformationsstrategie:** Die IT sieht sich als Treiber der digitalen Transformation,
- **Digital Business Strategie:** IT und Geschäftszweck verschmelzen, es gibt keine Trennung von Business- und IT-Strategie.

In der Abb. 2.2 sind eine Reihe ausgewählter IT-Strategien nach diesen Kategorien aufgeführt. Sie wurden dem CIO-Jahrbuch 2018 des CIO-Magazins (vgl. CIO-Magazin 2017) entnommen. So setzten große Unternehmen aus der Telekommunikation und dem Handel bereits auf eine Digitalstrategie, offenbar, weil deren Geschäftsmodelle sehr stark auf IT-Lösungen basieren. Klassische Industrieunternehmen mit großen Anteilen von „Produktions-IT" nutzen noch die klassischen Modelle.

Die klassische IT-Strategie leitet sich aus den strategischen Zielen der Organisation ab. In einem mehrstufigen Prozess werden verschiedene Alternativen für IT-Strategieinhalte geprüft und letztlich zu einer IT-Strategie zusammengefasst (vgl. Heinrich und Stelzer 2009, S. 129).

Häufig werden in der Praxis in der „IT-Strategie" aber nur geplante IT-Projekte aufgelistet. Ziel ist es, eine aus der Unternehmensstrategie abgeleitete IT-Strategie zu erstellen, welche die Grundlage für zum Beispiel folgende Maßnahmen ist:

| Organisation | IT-Ziele | Strategietyp |
|---|---|---|
| Deutsche Telekom | • Hierarchiefreie Zusammenarbeit und Vertrauenskultur<br>• Hohe Qualität und Pünktlichkeit der Lieferobjekte<br>• Hohes Maß an Zufriedenheit der internen IT-Kunden | Digital Business Strategie |
| Metro | • Digitale Transformation für die Metro AG<br>• Transformation der Metro Cash & Carry vom traditionellen zum modernen Multi-Channel Großhandel | Digital Business Strategie |
| BASF | • IT als Lösungsanbieter<br>• Reduktion IT-Betriebskosten zugunsten von Projekte für die digitale Transformation | IT als Dienstleister für Digitale Transformation |
| Innogy SE | • Produktivitätssteigerung mit DevOps und Agile<br>• Unterstützung digitale Transformation durch neue Services und digitalisierte Geschäftsprozesse | IT als Dienstleister für Digitale Transformation |
| Heidelberger Cement AG | • Ausrichtung an Business Strategie, integrierte Systeme für Front- und Back-Office, digitale Produkte | IT als Dienstleister: Klassische IT-Ziele |
| Lekkerland AG & Co. KG | • Harmonisierte und Standardisierte Prozesse EU-weit<br>• IT als Business Enabler, Innovationsträger und Dienstleister für die Fachbereich | IT als Dienstleister: Klassische IT-Ziele |

**Abb. 2.2**   IT-Strategien im Wandel (CIO Jahrbuch 2018)

**Abb. 2.3**  Umfeldanalyse für eine Digitalstrategie. (Nach Porter 1998)

- Operative IT-Planung (Ressourcenverteilung für laufende IT-Projekte, Investitionen, Schulungen),
- Anpassung der IT-Organisation,
- Gestaltung der computerunterstützten Geschäftsprozesse,
- Festlegung und Priorisierung zukünftiger IT-Projekte.

**Digital Business Strategy**

Bharadwaj et al. (2013) beschreiben ein übergreifend festzustellendes Phänomen: Viele Unternehmen verschmelzen ihre Unternehmens- und IT-Strategie zu einer „Digitalstrategie" bzw. „Digitalen Geschäftsstrategie" auf Basis meist neuer oder erweiterter Geschäftsmodelle. Der Unterschied scheint auf den ersten Blick nicht groß zu sein, er hat jedoch weitreichende Konsequenzen.

Die klassische IT-Strategie leitet die Anforderungen aus der Unternehmens- bzw. Behördenstrategie ab, sie ist also reaktiv. Die Digitalstrategie erzielt Wettbewerbsvorteile bzw. Strategische Vorteile bei einer Behörde auf Basis einer Umfeldanalyse, sie ist interaktiv und passt sich dem Umfeld an (vgl. Abb. 2.3).

## 2.4  IT-Konsolidierung als Beispiel einer klassischen IT-Strategie

Spezielle IT-Strategien oder Digitalstrategien für den öffentlichen Dienst wurden bislang nur selten publiziert. Ein älteres Beispiel findet sich in Ulschmidt (2003), welches aber noch aus der Zeit der Internetfrühphase stammt. Ein aktuelles Beispiel ist die IT-Strategie für den Bund, deren Fokus sehr stark auf der Konsolidierung von IT-Ressourcen liegt (vgl. CIO Bund 2017). Die Strategie ist zudem für viele nachgelagerte Behörden verbindlich und hat daher eine große Bedeutung.

Zur Erreichung der strategischen Ziele des Bundes wurden sechs zentrale Handlungsfelder definiert, die dem klassischen Modell einer IT-Strategie folgen:

- **Konsolidierung, Standardisierung und Nachfragebündelung:** Ressortübergreifende Konsolidierung der IT (Betrieb, Dienste und Netze), Erarbeitung von Architekturrichtlinien, Etablierung gemeinsamer Architekturen und Standards, Aufbau einer ressortübergreifenden, Netzinfrastruktur und Bündelung der IT-Beschaffung, Digitalisierung: Ablösung der papiergebundenen Verwaltungsarbeit durch elektronische Systeme, insbesondere Digitalisierung von Verwaltungsprozessen, inklusive digitaler Zugänge zur Verwaltung und Ausbau von E-Government und des elektronischen Finanzwesens
- **Förderung von Innovationen:** Stärkung der Innovationsfähigkeit durch digitale Systeme und Bereitstellung moderner Infrastruktur für die Verwaltung
- **Umsetzung der Informationssicherheit und des Datenschutzes:** Ausbau der Informationssicherheit und Verbesserung von Datenschutz in bestehenden und neuen IT-Systemen der Bundesverwaltung
- **Entwicklung von IT-Personal:** Steigerung der Attraktivität der Bundesverwaltung als Arbeitgeber durch Verbesserung der Personalgewinnung, -bindung und -entwicklung von IT-Fachpersonal
- **Ausbau der IT-Steuerung des Bundes:** Weiterentwicklung der IT-Steuerung des Bundes und Aufbau eines transparenten Berichts- und Steuerungssystems (IT-Controlling Bund).

Zurückzuführen ist die Strategie auf einen früheren Beschluss der Bundesregierung, durch den u. a. eine Trennung von IT-Nachfrage (Demand) und IT-Angebot (Supply) erreicht werden soll (Schmidt 2018, S. 140) und insbesondere die Anzahl der „Serverräume" deutlich reduziert werden sollte (Pütter 2019).

Die Umsetzung einer solchen Strategie ist jedoch sehr schwierig, da spezielle Fragestellungen auftauchen, die einzelne Bereiche des öffentlichen Dienstes betreffen. So ist die Zulässigkeit der Auslagerung der IT-Infrastruktur von Justizbehörden, insbesondere von Gerichten umstritten (vgl. Stüpitz und Eymann 2019). Zudem wird die Komplexität solcher Projekte häufig unterschätzt mit der Folge, dass Projektziele nicht erreicht werden und die geplanten Kosten nicht eingehalten werden könne.

So wird bereits nur wenige Jahre nach dem Projektstart darüber spekuliert, dass das IT-Konsolidierungsprojekt mit seinen sechs Teilprojekten den Kostenrahmen nicht einhalten wird, obwohl eigens für IT-Controlling ein eigenes Teilprojekt aufgesetzt wurde (Pütter 2019).

## 2.5 Zusammenfassung

- Die klassische IT-Strategie im öffentlichen Dienst leitet sich aus strategischen, teils politisch überlagerten, Überlegungen ab. Sie setzt die Behördenstrategie technisch um. Ein Beispiel ist die derzeit vorangetriebene „IT-Konsolidierung" bislang dezentral erbrachter IT-Services.
- Der aktuelle Trend zur Digitalisierung hat auch die öffentlichen Einrichtungen erlangt. Auch hier wird, wie in vielen Unternehmen, eine Verschmelzung der umsetzungsorientierten IT-Strategie mit der Behördenstrategie zu einer übergreifenden „Digitalstrategie" notwendig.

## Literatur

Bachmann, P.: Controlling für die öffentliche Verwaltung, 2. Aufl. Gabler, Wiesbaden (2009)

Bharadwaj, A., Sawy, E., Omar, A., Pavlou, P., Venkatraman, N.: Digital business strategy: toward a next generation of insights. MIS Quarterly **37**(2), 471–482 (2013)

CIO Bund (Hrsg.): IT-Strategie der Bundesverwaltung. www.cio-bund.de. Zugegriffen: 29. Febr. 2017 (2017)

CIO Magazin (Hrsg.): Jahrbuch 2018 Prognosen zur Zukunft der IT, München (2017)

Gadatsch, A., Mayer, E.: Masterkurs IT-Controlling, 5. Aufl. Springer Vieweg, Wiesbaden (2013)

Gadatsch, A., Kütz, J., Freitag, S.: Ergebnisse der 5. Umfrage zum Stand des IT-Controllings im deutschsprachigen Raum, Schriftenreihe des Fachbereiches Wirtschaft Sankt Augustin, Bd. 34. Hochschule Bonn-Rhein-Sieg, Sankt Augustin (2017)

Hanschke, I.: Strategisches Management der IT-Landschaft. Hanser, München (2009)

Heinrich, L., Stelzer, D.: Informationsmanagement, 9. Aufl. Hanser, München (2009)

Krcmar, H.: Informationsmanagement, 4. Aufl. Springer, Berlin (2005)

Obermeier, M., Greger, V., Krcmar, H.: Struktur, Elemente und Bausteine von IT-Strategien in der öffentlichen Verwaltung, München, GI-Jahrestagung. https://subs.emis.de/LNI/Proceedings/Proceedings208/1574.pdf (2012). Zugegriffen: 11. Juli 2019

Pütter, C.: IT-Konsolidierung Bund: Keine 1300 Serverräume mehr. CIO Magazin, 27.03.2019. https://www.cio.de/a/keine-1-300-serverraeume-mehr,3593928 (2019). Zugegriffen: 4. Sept. 2019

Schmidt, F.A.: Ziele, Management und Mittel der Digitalisierung Bund. In: Heuermann, R., Tomenendal, M., Bressem, C. (Hrsg.) Digitalisierung in Bund, Ländern und Gemeinden, S. 140–143. Gabler, Wiesbaden (2018)

Stüpitz, T., Eymann, T.: IT-Outsourcing für die Justiz, Ein Eingriff in die richterliche Unabhängigkeit. In: Räckers, M., et al. (Hrsg.) Digitalisierung von Staat und Verwaltung, S. 13–24. Gesellschaft für Informatik, Bonn (2019) (Lecture Notes in Informatics (LNI))

Ulschmid, L.: IT-Strategien für die öffentliche Verwaltung, Mit Modernisierungskonzepten mehr Effizienz erreichen. Gabler, Wiesbaden (2003)

# IT-Standardisierung und Total Cost of Ownership

**3**

## IT-Standards als Werkzeug für das IT-Controlling

*IT-Standards senken die TCO*

### Zusammenfassung

Das Kapitel IT-Standardisierung und Total Cost of Ownership (TCO) thematisiert die Effekte, die durch IT-Standards auf die Höhe der direkten und indirekten Kosten im Rahmen des gesamten Lebenszyklus von Informationssystemen entstehen. Nach einführenden Begriffsklärungen und Beispielen werden anhand von Fallstudien konkrete TCO ermittelt und die Auswirkungen für das Management diskutiert.

## 3.1 Standardisierung von IT-Leistungen

### QUERTY – der älteste IT-Standard der Welt

IT-Standards sind vielen Benutzern geläufig. Jeder der schon einmal eine Computertastatur benutzt hat wird sich fragen, warum die Tastenanordnung nicht alphabetisch ist, sondern bei US-Tastaturen lauten die ersten sechs Tasten QUERTY, bei der deutschen Variante QUERTZ. Der Hintergrund für diese Situation ist eine Erfindung aus dem Jahre 1873 des Ingenieurs Christopher Soles bei der „Remington Sewing Machine Company". Ursprünglich waren die Tastaturen der Schreibmaschinen nach dem Alphabet

© Springer Fachmedien Wiesbaden GmbH, ein Teil von Springer Nature 2020
A. Gadatsch, *IT-Controlling für die öffentliche Verwaltung kompakt*, IT kompakt, https://doi.org/10.1007/978-3-658-28580-7_3

angeordnet, allerdings verkanteten sich die Typen der Schreibmaschinen, wenn Wörter benutzt wurden, deren Buchstaben direkt
im Alphabet hintereinanderlagen (z. B. „… ab …"). Die Sekretä-
rinnen mussten also durch eine andere Buchstabenanordnung in
ihrer „Tippgeschwindigkeit" gebremst werden. Der „Standard"
setzte sich durch. Andere Hersteller von Schreibmaschinen sahen
sich, trotz besserer Lösungen, gezwungen, dem „Standard" zu
folgen, bis in die heutige Zeit von Laptops, Smartphones u. a. (vgl.
z. B. Kühl 2015, S. 133–134).

IT-Standards sind im öffentlichen Dienst schon sehr weit
verbreitet und es gibt auch noch nicht genutzte Potenziale
(Heuermann et al. 2018, S. 44). So findet sich an einem Schulungs-
computer einer öffentlichen Einrichtung ein Informationsblatt mit
den auf dem Rechner verfügbaren Fachverfahren. Es handelt sich
durchweg um Standards aus dem IT-Umfeld:

- Software: MS Windows,
- Prozesse: V-Modell XT,
- Methoden: Wibe-Kalkulator,
- Information: Juris,
- Verschlüsselung: Cryptotool.

Auch die IT-Konsolidierung-Projekte des Bundes können als
Standard im weitesten Sinne eingestuft werden. Sie umfasst
eine Vision (IT-Konsolidierung des Bundes) sowie eine Mission
(„Die IT des Bundes wird bis 2025 gebündelt und standardisiert,
damit die Bundesverwaltung wirtschaftlicher und sicherer agieren kann.") (vgl. BMI 2018). Der zentrale IT-Dienstleister ITZ
Bund arbeitet aktuell an zahlreichen Standardisierungsprojekten,
in einem Zeitraum von zehn Jahren soll die IT des Bundes
gebündelt und standardisiert werden (vgl. Schweizer 2019). Die
Ziele sind ambitioniert, wie ein Beispiel aus der Dokumentation
zeigt: Bis 2025 sollen nur noch maximal zwei IT-Lösungen je
Funktionalität für die Bundesverwaltung bereitgestellt werden.
Das heißt zum Beispiel, dass es nur noch ein IT-Verfahren für
die elektronische Aktenverwaltung (E-Akte) oder das Personal-
management geben wird (vgl. BMI 2018).

**Netzeffektgüter**

Die Standardisierungsökonomie beschäftigt sich mit der Entwicklung und Durchsetzung von Standards. Daneben werden der Nutzen und der Prozess der Auswahl der Standards thematisiert (Krcmar 2005, S. 223 f.). Standards werden als Netzeffektgüter bezeichnet, weil ihr Nutzen stark von ihrer Verbreitung abhängt. Ein bekannter IT-Standard ist das Internetprotokoll „http", welches die Regeln für den Datenaustausch zwischen verschiedenen Rechnern beschreibt. Dieser Standard brachte für die ersten Nutzer keinen großen Nutzen, erst durch die weltweite Verbreitung der Technologie entstand ein Nutzen für die an das Internet angeschlossenen Teilnehmer.

Man kann direkte und indirekte Netzeffekte unterscheiden (Krcmar 2005, S. 224). Bei direkten Netzeffekten steigt der Nutzen proportional mit der Teilnehmeranzahl an (z. B. Skype-Telefonie, Soziale Netzwerke wie XING). Bei indirekten Netzeffekten hängt der Nutzen von der Verfügbarkeit von Komplementärgütern oder Komplementärdienstleistungen ab (z. B. setzt die Nutzung von Elektroautos eine ausreichende Anzahl von „Ladestationen" voraus).

IT-Standards haben eine hohe Bedeutung für die IT-Praxis. Sie wirken u. a. als Kaufanreiz, da IT-Produkte, die üblichen Standards entsprechen, einfacher einzusetzen sind (z. B. Personal-Computer). Andererseits besteht die Gefahr einer Fehlinvestition, wenn ein Standard ausgewählt wird, der sich später nicht erfolgreich im Markt platzieren kann.

Beim Wechsel eines gewählten Standards muss der Nutzen des neuen Standards die Umstellungskosten dauerhaft kompensieren. Typische Beispiele in Unternehmen sind Wechsel von Bürosoftwarepaketen (Textverarbeitung, Mail, Tabellenkalkulation) oder ERP-Systemen.

**Standardisierungsfelder**

Eine historisch gewachsene IT-Infrastruktur mit zahlreichen Lösungen für gleichartige Problemstellungen (z. B. Nutzung unterschiedlicher ERP-Systeme, E-Mail-Programme oder Betriebssysteme, Einsatz unterschiedlicher PC-Typen, Einkauf bei verschiedenen PC-Herstellern) führt zu hohen Kosten für die Aufrechterhaltung

der Betriebsbereitschaft. Viele Unternehmen stehen vor der Herausforderung, die Anzahl der unterschiedlichen Lösungsvarianten
zu reduzieren. Im Rahmen der IT-Strategieentwicklung sind
zu Fragestellungen des Informationsmanagements (IT-Prozesse,
IT-Projektmanagement, Qualitätsmanagement, IT-Sicherheit) aus
zahlreichen, teilweise auch konkurrierenden externen Standards
(Hersteller-Standards, Standards von Normierungsgremien und
gesetzlichen geregelten Standards) als hausinterne IT-Standards
auszuwählen, ggf. anzupassen und anzuwenden.

Das Ziel der Standardisierung besteht darin, eine angemessene
und sinnvolle IT-Ausstattung für den Großteil der IT-Anwender
im Unternehmen festzulegen und nicht die IT-Anforderungen
eines einzelnen Benutzers umfassend abzudecken (Buchta
et al. 2004, S. 152). Durch einheitliche Informationssysteme
und IT-Prozesse sinken die Kosten für Einführung, Betrieb
und Wartung in erheblichem Umfang. Einige Beispiele für
Standardisierungsfelder für den öffentlichen Sektor sind in
Abb. 3.1 dokumentiert.

Im Bereich der IT-Hardware sind Arbeitsplatzcomputer weit
verbreitet. Innerhalb der Organisation ist darauf zu achten, dass
möglichst nur standardisierte Komplettsysteme mit der üblichen
Softwaregrundausstattung zum Einsatz kommen. Hierzu sind
Standard-IT-Arbeitsplätze zu definieren, die an unterschiedlichen
Einsatzszenarien (Büroarbeitsplatz, mobiler Arbeitsplatz) orientiert sind.

Im Bereich der Softwareentwicklung hat die Verwendung von
Standards durch Nutzung standardisierter Programmiersprachen
wie COBOL, C++ oder Java eine lange Tradition. Hinzu kommt
die Nutzung von weitverbreiteten Industriestandards, wie z. B.
die Programmiersprache ABAP® der SAP AG.

Häufig verwenden Unternehmen betriebswirtschaftliche
Standardsoftwarepakete, wie etwa das Produkt SAP ERP und
definieren die Nutzung für den abgedeckten Bezugsbereich
(z. B. Finanzen und Personal) als obligatorisch. Auch die zahlreichen bereitgestellten Produkte des IT-Dienstleisters ITZ
Bund gelten als Standardsoftwarepakete in diesem Sinne. Deren
Absatzmarkt ist fokussiert auf den öffentlichen Dienst und seine
speziellen Anforderungen, aber einsetzbar in mehreren Behörden

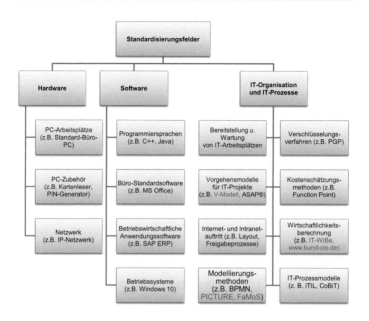

**Abb. 3.1**  Standardisierungsfelder für Informationstechnik im öffentlichen
Sektor

(siehe hierzu die Produktliste unter https://www.itzbund.de/DE/
Produkte/produkte_node.html).

Standards für die IT-Organisation und Prozesse in der IT
nehmen an Bedeutung zu. Hinzu kommt, dass Marktstandards,
wie sie aus den Bereichen Hard- und Software bekannt sind,
hier weniger stark auftreten. Deshalb lassen sich zahlreiche Beispiele für die Standardisierung finden. So sind z. B. die Prozesse
für die Bereitstellung, Wartung und Entsorgung von Computer-
arbeitsplätzen Aufgaben, die häufig nicht in standardisierter
Form vorliegen und vergleichsweise hohe Kosten verursachen.

Vorgehensmodelle für die Softwareentwicklung (V-Modell
XT) und deren Dokumentation sind in Softwarehäusern und
größeren Organisationen vorzufinden. Das Gleiche gilt für
Methoden der Wirtschaftlichkeitsanalyse, die in den Projekten
zum Einsatz kommen sollen, wie der im öffentlichen Bereich
verbreitete WIBE-Kalkulator.

Nutzt eine Organisation die Möglichkeit, E-Mails und weitere elektronische Dokumente verschlüsselt auszutauschen, so sind einheitliche Verschlüsselungsmethoden erforderlich. Werden in der Organisation Geschäftsprozessmodelle erstellt, so ist es sinnvoll, dass die hierfür verwendeten Modellierungsmethoden (z. B. die häufig im öffentlichen Dienst genutzte Methode PICTURE) einheitlich verwendet werden.

Ein gutes Beispiel für die Software- und Prozessstandardisierung im öffentlichen Bereich sind die Verzeichnisdienste des Informationsverbunds Berlin-Bonn (IVBB) und des Informationsverbunds der Bundesverwaltung (IVBV). Sie stellen für angeschlossene Behörden übergreifende Informationen bereit (Telefon-Nummern, Adressen, Zertifikate).

**Einführung und Durchsetzung**
Die Einführung und Durchsetzung von IT-Standards gestaltet sich in vielen Fällen schwierig, weil sowohl von Mitarbeitern der IT, als auch von Mitarbeitern der Fachabteilungen Widerstände zu erwarten sind. Generell stehen mehrere Möglichkeiten zur Verfügung (vgl. Abb. 3.2).

Der Verzicht auf die Festlegung von Standards verursacht naturgemäß wenig Widerstände, führt aber zum Verzicht auf Kostenvorteile. Insbesondere die Gefahr dezentraler Insellösungen

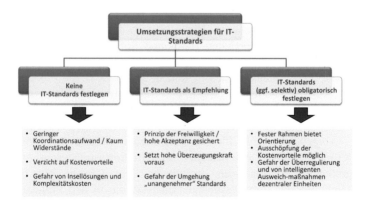

**Abb. 3.2**  Einführung und Umsetzung von IT-Standards

verursacht potenziell hohe Komplexitätskosten. Häufig werden IT-Standards als Empfehlung im Unternehmen kommuniziert. Der Erfolg der Nutzung hängt stark von der Überzeugungskraft der beteiligten Personen und der Qualität der Standardisierungs-vorschläge ab. Es besteht jedoch die Gefahr, dass unangenehmen Standards ausgewichen wird. Daher werden Standards auch nach intensiver Diskussion und Abstimmung mit betroffenen Organisationseinheiten durch breit besetzte Gremien wie ein IT-Standardisierungsboard als obligatorisch festgeschrieben (vgl. Abb. 3.3).

Das Informationsmanagement bzw. der CIO organisiert die Arbeit des Standardisierungsboards, welches aus relevanten Vertretern der Nutzer auf Managementebene zusammengesetzt ist. Das Board verdichtet die Anforderungen der Bedarfsträger und formuliert Anforderungen an IT-Standards. Diese werden im Auftrag des Informationsmanagements durch die IT-Dienst-leister (intern oder extern) realisiert. IT-Dienstleister verpflichten sich gegenüber dem Informationsmanagement im Rahmen eines Vertrages IT-Standards zu entwickeln und später bereitzustellen. Der Bedarfsträger bestellt nach Realisierung und Verfügbarkeit der IT-Leistungen aus dem vom IT-Dienstleister bereitgestellten Angebot.

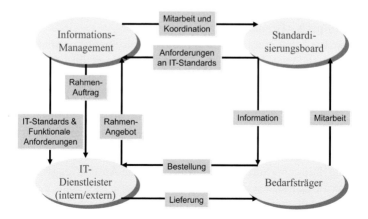

**Abb. 3.3**  IT-Standardisierungsboard

Hierdurch existiert für alle Beteiligten ein verbindlicher Rahmen. Das Unternehmen kann Kostenvorteile aus der Standardisierung ausschöpfen. Aber auch hier besteht die latente Gefahr der Überregulierung und ein Anreiz für die betroffenen Organisationseinheiten über intelligente Ausweichmaßnahmen nachzudenken.

## 3.2 Total Cost of Ownership (TCO) von Informationssystemen

### 3.2.1 Konzept des TCO-Ansatzes

Die Total Cost of Ownership (TCO)-Analyse ist ein Werkzeug des IT-Controllings zur Ermittlung der Gesamtkosten während des Lebenszyklusses einer IT-Investition, z. B. der Einführung und Nutzung eines ERP-Systems oder eines IT-Arbeitsplatzes (Grob und Lahme 2004, S. 157).

IT-Arbeitsplätze und Informationssysteme verursachen neben den direkten Kosten (z. B. Anschaffungskosten für Hardware und Software), die für die Verantwortlichen transparent und sichtbar sind, enorme indirekte Kosten, (z. B. durch Fehlbedienung und/ oder mangelhafte Schulung) die sich der Beeinflussung entziehen.

**Kaufpreis < Gesamtkosten**
Der Kaufpreis eines typischen Arbeitsplatzcomputers beträgt nur einen geringen Teil der gesamten Kosten, die er im Laufe seiner Lebensdauer insgesamt verursacht. Die restlichen Kosten werden häufig nicht transparent, wenn sie dem betrieblichen Rechnungswesen nicht zu entnehmen sind.

**Direkte Kosten**
Direkte Kosten entstehen bei der Beschaffung und dem Betrieb von Hard- und Software. Hierzu zählen die Anschaffungskosten und Prozesskosten der Beschaffungsprozesse, der Aufwand für die Installation von Hardware und Software, die Schulung der Mitarbeiter, Wartung und Support, Betrieb von Help-Desks, Netzwerkbetrieb und Raumkosten.

## Indirekte Kosten

Neben den direkten Kostenbestandteilen fallen nicht direkt sichtbare Kostenblöcke an, die sich dem Einflussbereich des Managements entziehen. Diese indirekten Kosten entstehen durch Produktivitätsverluste der Mitarbeiter (z. B. fehlende Ausbildung) und Ausfallzeiten bei unzureichender Wartung oder Fehlfunktionen. Weitere Beispiele für indirekte Kosten sind Opportunitätsverluste durch Nichtnutzung von technologischen Möglichkeiten (z. B. Datensicherungskonzept, Laufwerke im Netz), deren Nicht-Nutzung höhere Kosten verursacht, als ihr konsequenter Einsatz. Ein fehlendes Datensicherungskonzept kann zu einem Datenverlust führen, wenn ein Mitarbeiter Unternehmensdaten auf einem Laptop aufbewahrt und diesen verliert. Der Ausfall eines zentralen E-Mail-Servers, ein Virenangriff auf das Unternehmensnetz oder nur ein nicht korrekt eingespieltes Upgrade eines Textverarbeitungsprogramms verursachen Arbeitszeitausfälle und Folgekosten durch nicht erfasste Aufträge.

Eine TCO-Analyse gliedert die IT-Kosten in die direkten Kosten, sichtbar im klassischen Rechnungswesen, und in indirekte Kosten, die im Rechnungswesen nicht ermittelbar sind (vgl. Abb. 3.4).

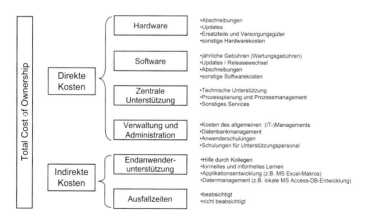

**Abb. 3.4**  TCO-Analyse nach Müller et al. (2003)

Die Gründe für die TCO-Unterschiede liegen in den niedrigeren Kosten für Hardware, Software und Supportbedarf. Untersucht werden hierbei nicht nur direkte Kosten (Hardware, Software, Upgrades, Service, Support, Wertverlust, Server, Peripherie), sondern auch die vielfach höheren indirekten Kosten (Help-Desk, Schulungen, nichtproduktive Ausfallzeiten). Im Anschluss an die Ermittlung der direkten und indirekten IT-Kosten werden Empfehlungen zur Reduzierung der indirekten Kosten erarbeitet, die in den Unternehmen meist übersehen werden. Verbesserungen können technischer und organisatorischer Natur sein.

**Technische Verbesserungen**
• Einsatz von Thin-Clients
• Einsatz von Tools zur Ferninstallation und -wartung
• Einsatz von Werkzeugen für das IT-Assetmanagement

**Standardisierung von IT-Komponenten**
• Hardware (z. B. ein Desktop-PC, ein Laptop, ein Tablet-PC)
• Software (z. B. Office, E-Mail, Security)
• Services (z. B. SLAs)

**Organisatorische Verbesserungen** Zu den organisatorischen Verbesserungen zählen die Geschäftsprozessoptimierung im IT-Umfeld oder das Outsourcing von IT-Prozessen, hier insbesondere die Bereitstellung und Wartung von IT-Komponenten.

## 3.2.2   Bewertung des TCO-Ansatzes

**Vorteile des TCO-Modells** Die Vorteile des TCO-Ansatzes bestehen in einer vollständigeren Erfassung der IT-Kosten, als dies in der klassischen Kostenrechnung möglich ist. Das TCO-Konzept ist stärker an den Anforderungen eines IT-ausgerichteten Rechnungswesens orientiert. Die höhere Kostentransparenz erleichtert eine deutliche Kostenreduktion.

**Nachteile des TCO-Modells** Die Nachteile sind darin zu sehen, dass vor allem Nutzen bzw. Erlöse nicht betrachtet werden. Das TCO-Konzept ist im Vergleich zu dynamischen Verfahren der Investitionsrechnung eine rein statische Rechnung, welche die Zeitpunkte der Zahlungen nicht berücksichtigt. Nachteilig ist die rein technikzentrierte Sichtweise, da sie Personalkosten von IT-gestützten Prozessen nicht berücksichtigt.

## 3.3   Fallstudie zur TCO-Analyse für ein neues Informationssystem

**Szenario** Die IT-Abteilung einer Behörde möchte ein neues IT-gestütztes System zur Verwaltung von IT-Hard- und Software einführen. Es soll mindestens fünf Jahre genutzt werden.

**Aufgabenstellung** Ermitteln Sie auf Basis eines Zinssatzes von 5 % die TCO für den folgenden Projektantrag

### Kosten der Anschaffung und Inbetriebnahme

| | |
|---|---|
| Hardware | 10.000 €, |
| Softwarelizenzen | 20.000 €, |
| Installation & Customizing | 12.000 €, |
| Anwenderschulung | 3000 € |

### Kosten der Nutzung

| | |
|---|---|
| Wartung/Updates | 1000/1000/2000/2500/2500 € (fallen im 1./2./3./4./5. Jahr an) |
| Support/Hotline | 2000/1000/1000/1000/1000 € (fallen im 1./3./4./5. Jahr an) |
| Personaleinsparung | 70.000/40.000/0/0/0 € (fallen im 1./2./3./4./5. Jahr an) |

Außerbetriebnahme/Entsorgung:

| | |
|---|---|
| Deinstallation/Deaktivierung | 2000 € |
| Entsorgung Abfall | 1000 € |

**Zusätzliche Angaben**

- Sie wissen aus Erfahrung, dass mit folgenden „Nebenwirkungen" zu rechnen ist: In der Anlaufphase fallen Überstunden durch Doppelarbeiten an. Sie schätzen, dass die fünf betroffenen Mitarbeiter je 50 Überstunden zu je 80 € benötigen.
- Während der ersten beiden Jahre ist mit häufigen „Kollegenschulungen" zu rechnen. Hierdurch geht Arbeitszeit in Höhe von jeweils 80 h p. a. verloren.
- Erfahrungsgemäß fallen Systeme in der Einführungsphase im ersten Jahr (3 Tage p. a.) mehrfach aus. Hierdurch gehen der Behörde Steuereinnahmen und Gebühren im Wert von 100.000 € (80.000 € direkte Kosten) verloren

**Lösung** Fazit: Das Projekt hat negative TCO, die im Wesentlichen aus den hohen indirekten Kosten resultieren (vgl. Abb. 3.5. Es ist aus finanzieller Sicht nicht vorteilhaft.

Anmerkung zum Systemausfall im ersten Jahr in Höhe von 20.000 €. Hier werden nur Opportunitätskosten angesetzt: (100.000 − 80.000 = 20.000 €), da die 80.000 Kosten nicht mehr entstehen.

| Phase | Kosten/Nutzen | 0 | 1 | 2 | 3 | 4 | 5 |
|---|---|---|---|---|---|---|---|
| *I Einführung* | | | | | | | |
| dir.K. | Anschaffungskosten | -45.000 | | | | | |
| ind.K. | Überstunden | -20000 | | | | | |
| *II Nutzung* | | | | | | | |
| dir.K. | Wartung/Support | | -3000 | -2000 | -3000 | -3500 | -3500 |
| dir.Erl. | Einsparung MA | | 70000 | 40000 | | | |
| ind.K. | Kollegenschulung | | -6400 | -6400 | | | |
| ind.K. | Systemausfall | | -20000 | | | | |
| *III Außerbetriebnahme* | | | | | | | |
| | Deaktivierung/Entsorgung | | | | | | -3000 |
| Summen (netto) | | -65.000 | 40.600 | 31.600 | -3.000 | -3.500 | -6.500 |
| Summen (abgezinst) | | -65.000 € | 38.667 € | 28.662 € | -2.592 € | -2.879 € | -5.093 € |
| TCO (Kapitalwert 5%) | | -8.235 € | | | | | |

**Abb. 3.5** Ermittlung der TCO für ein neues Informationssystem

## 3.4    Zusammenfassung

- IT-Standards bilden die Grundlagen für eine systematische Senkung der IT-Kosten im direkten und indirekten Bereich.
- IT-Controller unterstützen das IT-Management bei der Entwicklung und Durchsetzung von IT-Standards.
- Sie stellen ggf. ad hoc Analysen von indirekten Kosten zur Verfügung, um für das IT-Management ganzheitliche Total Cost of Ownership zu ermitteln.

## Literatur

BMI (Hrsg.): IT-Konsolidierung des Bundes. https://www.bmi.bund.de/DE/themen/it-und-digitalpolitik/it-des-bundes/it-konsolidierung/it-konsolidierung-node.html (2018). Zugegriffen: 18. Dez. 2018

Buchta, D., Eul, M., Schulte-Croonenberg, H.: Strategisches IT-Management. Gabler, Wiesbaden (2004)

Heuermann, R., Engel, A., von Lucke, J.: Digitalisierung: begriff, Ziele und Steuerung. In: Heuermann, R., Tomenendal, M., Bressem, C. (Hrsg.) Digitalisierung in Bund, Ländern und Gemeinden, S. 9–50. Gabler, Berlin (2018)

Grob, H.L., Lahme, N.: Total Cost of Ownership-Analyse mit vollständigen Finanzplänen. Controlling **2004**(3), 157–164 (2004)

Krcmar, H.: Informationsmanagement, 4. Aufl. Springer, Berlin (2005)

Kühl, S.: Wenn die Affen den Zoo regieren, 6. Aufl. Campus, Frankfurt a. M. (2015)

Müller, A., Lang, J., Hess, T.: Wirtschaftlichkeit von Controlling-Anwendungssystemen: Konzeption und Erprobung eines Multiperspektiven-Ansatzes. zfcm **47**(2), 58–59 (2003)

Schweizer, M.: Mehr Standards für die Behörden-IT, Bundescloud als Muster, CIO Magazin, 30.06.2019. https://www.computerwoche.de/a/mehr-standards-fuer-die-behoerden-it,3547277 (2019). Zugegriffen: 22. Juli 2019

# IT-Balanced Scorecard

## IT-Strategien umsetzen und steuern

*IT-Balanced Scorecard als Hilfsmittel zur Strategiesteuerung*

**Zusammenfassung**

Die Balanced Scorecard war ursprünglich als Konzept zur mehrdimensionalen Unternehmenssteuerung entwickelt worden. Aufgrund der Universalität des Ansatzes wurde sie auch für andere Aufgaben eingesetzt. In diesem Abschnitt wird das Instrument der IT-Balanced Scorecard vorgestellt, das zur Steuerung der IT-Strategie genutzt wird.

## 4.1 Grundlagen zur Balanced Scorecard

Die *Balanced Scorecard (BSC)* wurde Anfang der 1990er Jahre von R. S. Kaplan und D. P. Norton als kennzahlenbasiertes Führungsinstrument entwickelt. Die bis dahin eingesetzten Kennzahlensysteme waren traditionell auf Finanzaspekte fokussiert und stark vergangenheitsorientiert ausgerichtet. Außerdem waren Strategie und operatives Geschäft nicht vernetzt, häufig mit der Folge von nicht umgesetzten Strategien. Die BSC verknüpft die in die Zukunft gerichtete Unternehmensstrategie und die operative Maßnahmenplanung über Ursache-Wirkungsketten, um

© Springer Fachmedien Wiesbaden GmbH, ein Teil von Springer Nature 2020
A. Gadatsch, *IT-Controlling für die öffentliche Verwaltung kompakt*, IT kompakt, https://doi.org/10.1007/978-3-658-28580-7_4

einerseits das finanzielle Gleichgewicht erhalten zu können und andererseits weitere vor allem nicht monetäre Ziele zu erreichen.

Das Beispiel von Appel et al. (2002), in Abb. 4.1 verknüpft Mitarbeiterqualität, Kundenorientierung und Finanzziele: Qualifizierte Mitarbeiter verbessern die Prozessqualität und reduzieren die Durchlaufzeiten. Die Kunden werden hierdurch pünktlicher beliefert, sie bleiben dem Unternehmen treu, die Gesamtkosten reduzieren sich. Zufriedene Stammkunden sichern langfristig einen ausreichenden Return on Investment.

**Einsatz der Balanced-Scorecard im Öffentlichen Dienst**
Auch im Öffentlichen Dienst findet das Instrument Verwendung, wie z. B. im Bundesministerium für öffentliche Leistung und Sport in Österreich (vgl. Contrast o. J.) oder in der hessischen Landesverwaltung (OLEV o. J.). Auch international konnte die Methode Einzug in den öffentlichen Sektor finden, so zum Beispiel in Malaysia (vgl. Arshad et al. 2012). Nach einer Studie des Marktforschungsinstitutes BARC wird die Scorecard in 17 % der befragten Behörden eingesetzt, bei weiteren 45 % ist sie in der Planung (vgl. BARC 2009, S. 12).

Prinzipiell kann die Methode, auch wenn sie ursprünglich für private Unternehmen entwickelt worden ist, auch im öffentlichen

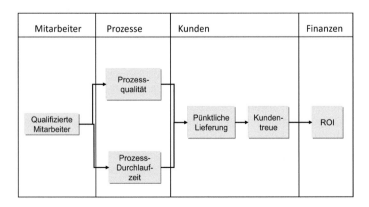

**Abb. 4.1**   Beispiel für eine allgemeine Ursache-Wirkungskette. (Vgl. Appel et al. 2002, S. 89)

Bereich ohne große Modifikationen verwendet werden. Lediglich Ziele und ggf. Maßnahmen unterscheiden sich inhaltlich. So zeigt Ahrendt et al. (2006) Einsatzmöglichkeiten zur Umsetzung einer Open Source-Strategie mithilfe der Balanced Scorecard in der öffentlichen Verwaltung auf.

**Aufbau der Balanced-Scorecard**
Eine Balanced Scorecard ist ein strategisches Kennzahlensystem mit mehreren vernetzten Analysebereichen (Perspektiven), für die mittels Ursache-Wirkungsketten aufeinander abgestimmte Ziele, Kennzahlen, Zielwertvorgaben und konkrete Maßnahmen festgelegt werden. Die Wahl der Perspektiven ist individuell zu treffen, häufig werden aber die Bereiche Finanzen, Prozesse, Kunden und Mitarbeiter gewählt, weil sie die wesentlichen Bereiche abdecken. Die Balanced Scorecard kann für Konzerne, Unternehmen oder Behörden aufgestellt werden oder auf Teilbereiche, Abteilungen oder Projekte bis hinunter zum einzelnen Mitarbeiter heruntergebrochen werden.

In der ursprünglichen Version der Balanced Scorecard wurden vier Perspektiven vorgeschlagen:

- Finanzielle Perspektive (z. B. Zahlungsströme, Kosten, Erlöse, Budgets),
- Kundenperspektive (z. B. Kundenzufriedenheit, Marktanteile),
- Prozessperspektive (Performance der internen Prozesse),
- Potenzialperspektive (Qualifikation, Motivation und Weiterentwicklungspotenzial der Mitarbeiter).

Im öffentlichen Sektor können diese Perspektiven anders ausgeprägt werden. So kann die Kundenperspektive durch eine „Positionierung im politisch-gesellschaftlichen Umfeld bzw. Orientierung am gesellschaftspolitischen Auftrag" ersetzt werden (vgl. Deutsches Patent- und Markenamt 2005, S. 36). Beim Einsatz im IT-Bereich sind spezifischere Sichten zu betrachten.

**Finanzen**

Die *finanzielle Perspektive* klärt z. B. folgende Fragen:

- Welchen Beitrag kann die IT zum Finanzerfolg des Unternehmens leisten?
- Wie lassen sich die IT-Prozesskosten reduzieren?

Als Kennzahlen der finanziellen Perspektive sind empfehlenswert:

1. IT-Kosten je Mitarbeiter,
2. Rentabilitätszuwachs nach einer IT-Projektdurchführung,
3. Anzahl der Arbeitsplatzsysteme je Mitarbeiter,
4. Anteil der IT-Kosten an Umsatz/Absatzmenge/Gesamtkosten.

**Prozesse**

Eine *Prozessperspektive* beantwortet z. B. die Fragen:

- Wie verbessert der Informationstechnikeinsatz die Prozessqualität?
- Wie lassen sich IT-Prozesse durch Outsourcing beschleunigen?

Mögliche Kennzahlen der Prozessperspektive sind:

1. Anzahl der Beschwerdefälle, Reklamationen, Eskalationen ins Top-Management,
2. Anzahl der Eingriffe von Führungskräften in operative IT-Prozesse,
3. Durchlaufgeschwindigkeit vom Prozesseingang bis -ausgang.

**Mitarbeiter**

In der *Mitarbeiterperspektive* lassen sich folgende Fragen klären:

- Über welche Potenziale verfügen unsere IT-Fachleute?
- Wie lassen sich die Fach- und Sozialkompetenzen unserer IT-Mitarbeiter erhöhen?
- Welchen Grad erreicht die Mitarbeiterzufriedenheit?

Kennzahlen für eine Lern- und Entwicklungsperspektive sind:

1. Fluktuations-, Überstunden- und Krankenquote im IT-Bereich,
2. Anzahl der Verbesserungsvorschläge (absolut/je IT-Mitarbeiter),
3. Anzahl von Veröffentlichungen durch IT-Mitarbeiter (absolut/ je Mitarbeiter),
4. Anzahl der Teilnehmer an Weiterbildungsveranstaltungen, Betriebsfesten oder Betriebsversammlungen.

**Kunden**

Eine *Kundenperspektive* sucht Antworten auf folgende Fragen:

- Welche Produkte erstellt die IT für ihre Kunden?
- Wie beurteilen Kunden unsere Leistungen im Vergleich zu anderen Dienstleistern?

Kennzahlen der Markt- und Kundenperspektive liefern folgende Daten:

1. Anzahl der Besucher auf Fachmessen, Hausmessen und ähnlichen Veranstaltungen,
2. Bearbeitungsdauer von Anfragen, Reklamationen, Störungsbeseitigung etc.,
3. Anteil von Neukunden am Gesamtkundenbestand.

## 4.2    Adaption der Balanced Scorecard für das IT-Controlling

Die BSC wurde ursprünglich für das Standard-Controlling entwickelt und später für den Einsatz im IT-Controlling vorgeschlagen. Buchta et al. (2003, S. 279) schlagen sechs Perspektiven für eine Anpassung an die Anforderungen des IT-Controlling-Konzeptes vor: IT-Mitarbeiter, Projekte (in der Informationstechnik), Kunden (der Informationstechnik), Infrastruktur (Hardware, Software, Netzwerk), Betrieb (von IT-Systemen) und Finanzen.

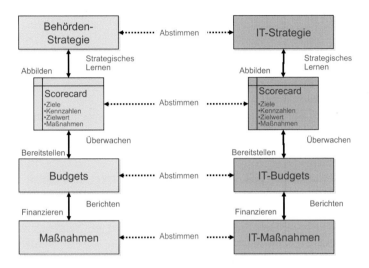

**Abb. 4.2** Integration der IT-Balanced Scorecard in das Führungssystem

Neben dem Einsatz der Balanced Scorecard für den gesamten IT-Bereich wird auch die Steuerung von IT-Projekten
mithilfe der Balanced Scorecard vorgeschlagen (vgl. z. B.
Engstler und Dold 2003) bzw. als Instrument zur Beurteilung
von IT-Investitionen (Balanced IT-Decision-Card, vgl. Jonen
et al. 2004) vorgeschlagen.

Wichtig für die erfolgreiche Implementierung einer IT-Balanced
Scorecard ist eine intensive Abstimmung aller BSCs innerhalb der
Behörde. Dann lassen sich Zielkonflikte vermeiden und ganzheitliche Effekte für ein ausgewogenes Kennzahlensystem erreichen
(vgl. Abb. 4.2).

## 4.3    Anwendungsbeispiele aus der Praxis

Die BSC wird als *IT-Balanced Scorecard* (kurz IT-Scorecard)
in etwa 30 % der deutschen Unternehmen für die IT-Steuerung eingesetzt (vgl. Gadatsch et al. 2013, S. 11). Das Beispiel
in Abb. 4.3 stellt die *IT-Scorecard* eines Konzerndienstleisters

| K u n d e | | | | I T - P r o z e s s e | | | |
|---|---|---|---|---|---|---|---|
| Ziel | Kennzahlen | Zielwerte | Maßnahmen | Ziel | Kennzahlen | Zielwerte | Maßnahmen |
| IT-Vorzugslieferant im Konzern werden | Umsatzanteil am IT-Volumen | Anteil > 75% | Kunden befragen Anforderungen analysieren Preise auf Marktniveau Leistungen auf Marktniveau | Leistungsfähigkeit der IT-Prozesse auf Marktniveau steigern | Anteil zeitnah behobene Störungen / Gesamtzahl | Anteil > 95% | Prozessanalyse und Benchmarking mit Wettbewerbern durchführen IT-Prozesse auf ITIL-Basis standardidieren |
| | Anteil betreuter IT-Anwendungen | Anteil > 80% | | | Anzahl Beschwerden | Anteil < 10% | |

| P e r s o n a l / L e r n e n | | | | F i n a n z e n | | | |
|---|---|---|---|---|---|---|---|
| Ziel | Kennzahlen | Zielwerte | Maßnahmen | Ziel | Kennzahlen | Zielwerte | Maßnahmen |
| IT-Personal anforderungsgerecht ausgebildet und einsatzbereit | Anzahl Weiterbildungstage / Mitarbeiter | 10 Tage pro Jahr | Stellenbeschreibungen aktualisieren Anforderungen mit Ausbildungsstand abgleichen Schulungsplan erstellen | Beitrag jeder IT-Maßnahme zum Unternehmenserfolg ist transparent | TCO je IT-Arbeitsplatz | TCO < xxxx EUR | TCO Analyse durchführen ROI in Genehmigungsverfahren integrieren ROI monatlich je IT-Maßnahme erheben |
| | Einhaltung von Terminvereinbarungen | Anteil > 95% | | | Wirtschaftlichkeit (ROI) | ROI > 10% | |

**Abb. 4.3** Beispiel für eine einfache IT-Balanced Scorecard

für Informationstechnik dar, der im Wettbewerb zu externen Anbietern steht und sich um Aufträge des Konzerns und dessen Einheiten bemühen muss.

## Beispiel Daimler-Benz

Bei *Daimler-Benz* gilt die IT-Scorecard als „Visitenkarte der IT" (vgl. Sarsam 2019). Die Idee ist Konzepte der Produktion auf die Administration zu übertragen und wurde weltweit für 700 Projekte realisiert. Ein Blick in die Fertigung zeigt auf einem Ziffernbord, was wo gerade montiert wird, das IT-Board zeigt, wer wo einen Fehler gemacht hat. So kann die IT Antworten auf wichtige Fragen des Business geben, wie z. B. Wie viele PKW/LKW konnten wegen IT-Störungen nicht gebaut werden? Als Nebeneffekt wird der Vorstand nicht nur dann informiert, wann etwas in der IT nicht funktioniert, sondern bei Erfolgen.

## Bewertung

Die IT-Scorecard fördert die Stärkung der unternehmerischen Sicht des IT-Bereiches, da die von ihm verfolgten Maßnahmen einen geschäftlichen Zweck verfolgen müssen. Da vorhandene Kennzahlensysteme eingebunden werden können, besteht ein

Investitionsschutz für vorhandene Führungssysteme. Die Wechsel-
wirkungen zwischen den verschiedenen Maßnahmen lassen sich
allerdings nicht immer exakt bestimmen, sodass eine sorgfältige
Planung notwendig ist. Der Aufwand für die Einführung und den
Betrieb einer Scorecard wird häufig als sehr hoch eingeschätzt.

## 4.4  Fallstudie zur Strategiesteuerung beim IT-Dienstleister DLAND

**Szenario** Der „IT-Dienstleister DLAND" möchte sich zum
„führenden IT-Systemhaus für Behörden" in Deutschland entwickeln und folgendes anbieten.

- IT-Strategieberatung, Entwicklung und Betrieb behörden-
  spezifischer Software sowie von allgemeiner Standardsoftware und Services,
- Abdeckung des gesamten Software-Life-Cycle (Strategie,
  Planung, Entwicklung, Betrieb, IT-Support, Außerbetrieb-
  nahme).

Die Behördenleitung strebt folgende Ziele an

- Deutschlandweite Aktivitäten, nachhaltig hohes Umsatz-
  wachstum und ausgeglichener Haushalt,
- zufriedene Kunden und Mitarbeiter sowie hohe fachliche
  Reputation,
- Hoher Umsatzanteil am IT-Budget der deutschen Behörden.

**Aufgabenstellung** Entwickeln Sie eine BSC zur Strategiesteuerung. Formulieren Sie zunächst eine Vision und Mission.
Definieren Sie geeignete Perspektiven und Leitfragen und
legen Sie je Perspektive geeignete Ziele fest um die Leitfragen
zu erreichen. Definieren Sie Kennzahlen, Zielwerte und Ziel-
korridore (grün-gelb-rot). Entwickeln Sie geeignete Maßnahmen
bzw. Projekte zur Zielerreichung fest.

**Lösungshinweise** Die Lösung kann individuell aufgebaut werden. Daher wird an dieser Stelle auf eine „Musterlösung" verzichtet. Die Ziele der Behördenleitung müssen sich in den Inhalten niederschlagen, insbesondere Vision, Mission und Perspektiven mit den jeweiligen Zielen. Mögliche Perspektiven sind Finanzen, Prozesse, Kunde, Personal, öffentliche Sichtbarkeit.

## 4.5 Zusammenfassung

- IT-Strategien bilden die Grundlage für das strategische IT-Controlling.
- IT-Scorecard ist ein Kennzahlensystem für die Steuerung der IT-Strategie-Umsetzung,
- IT-Scorecard enthält Ziele, Kennzahlen, Zielwerte, Maßnahmen für individuelle Perspektiven: Kundensicht (Sicht der IT-Kunden auf die Informationsverarbeitung), IT-Prozesssicht (Qualität der Informationsverarbeitung), IT-Mitarbeitersicht (Eignung und Zufriedenheit der IT-Mitarbeiter), Finanzsicht (Wirtschaftlichkeit der Informationsverarbeitung).

## Literatur

Appel, D., Brauner, S., Preuss, P.: Einsatz von SAP Strategic Enterprise Management als IT-gestütztes Balanced Scorecard-System. Inf. Manag. Consult. **17**(2), 89 (2002)

Ahrendt, M.: Balanced Scorecard im öffentlichen Sektor, Die Open Source Software-Strategie mit der ITBalanced Scorecard verwirklichen, Diplomarbeit, Reutlingen. https://wibe.de/wp-content/uploads/OS_BSC_DE.pdf (2006). Zugegriffen: 29. Mai 2019

Arshad, N., Idrus, H., Ahmad, F.: A balanced scorecard approach in evaluating IT projects in the public sector. In: IEEE Business, Engineering & Industrial Applications Colloquium (BEIAC), 7–8 April 2012, Proceedings. https://ieeexplore.ieee.org/document/6226043 (2012)

BARC (Hrsg.): Steuerungs- und Planungssysteme in der öffentlichen Verwaltung, Einsatz, Erfolgsfaktoren und Hindernisse, Würzburg. http://www.barc.de (2009)

Buchta, D., Klatt, M., Kannegieser, M.: Performance Management zur strategischen Steuerung der Informationstechnologie. Control. Mag. **2003**(3), 277–282 (2003)

Contrast Management Consulting (Hrsg.): Die Balanced Scorecard in der Öffentlichen Verwaltung, Vorgehensweise bei der Einführung unter Berücksichtigung der Besonderheiten in der öffentlichen Verwaltung, o. O. https://www.controllingportal.de/upload/iblock/80e/5dc9a310b2f6e-4339ca36ae7f295c835.pdf (o. J.). Zugegriffen: 29. Mai 2019

Deutsches Patent- und Markenamt: Jahresbericht 2004. Deutsches Patent- und Markenamt, München (2005)

Engstler, M., Dold, C.: Einsatz der Balanced Scorecard im Projektmanagement. In: Kerber, G. et al. (Hrsg.) Zukunft im Projektmanagement, S. 127–141. dpunkt, Heidelberg (2003)

Gadatsch, A., Kütz, J., Juszczak, J.: Ergebnisse der 4. Umfrage zum Stand des IT-Controlling im deutschsprachigen Raum. In: Schriftenreihe des Fachbereiches Wirtschaft Sankt Augustin, Bd. 33. Hochschule Bonn-Rhein-Sieg, Sankt Augustin (2013)

Jonen, A., Lingnau, V., Müller, V., Müller, P.: Balanced IT-Decision-Card, Ein Instrument für das Investitionscontrolling von IT-Projekten. Wirtschaftsinformatik **46**(3), 196–203 (2004)

OLEV (Hrsg.): Online Verwaltungslexikon, Stichwort „Balanced Scorecard", o. O. https://olev.de/b/bsc.htm#Definition (o. J.). Zugegriffen: 29. Mai 2019

Sarsam, R. (CIO-Magazin): Daimler-CIO Gorriz: Die Balanced Scorecard bei der Daimler IT. www.cio.de2223908 (2019). Zugegriffen: 4. Juni 2019

# IT-Portfoliomanagement

## Auswahl von IT-Projekten managen

**5**

*IT-Portfoliomanagement setzt die*
*IT-Strategie in Projekte um*

**Zusammenfassung**

Das IT-Portfoliomanagement setzt die Maßnahmen aus der IT-Strategie im Rahmen des verfügbaren Budgets in Projekte um und überwacht deren Performance. Der Beitrag beschreibt die Konzeption des IT-Portfoliomanagements, zeigt kritische Erfolgsfaktoren auf und geht auf die Besonderheiten von IT-Sicherheitsprojekten im Rahmen des Portfoliomanagementprozesses ein.

## 5.1 Portfoliomanagement als Teil der IT-Governance

Das Portfoliomanagement ist ein wichtiges Element des Projektcontrollings und damit der IT-Governance einer öffentlichen Einrichtung. Im Rahmen der IT-Governance werden wichtige „Spielregeln" festgelegt, z. B. die Projektauswahl, die Priorisierung und Budgetverteilung. Das Projektmanagement übernimmt hier die Aufgabe der Planung und Steuerung von einzelnen Projekten und sichert die Erreichung der Projektziele. Dem

© Springer Fachmedien Wiesbaden GmbH, ein Teil von
Springer Nature 2020
A. Gadatsch, *IT-Controlling für die öffentliche Verwaltung kompakt,*
IT kompakt, https://doi.org/10.1007/978-3-658-28580-7_5

Projekt-Portfoliomanagement obliegt die Aufgabe der Projektauswahl und deren laufende Anpassung. Bei größeren Einrichtungen ist die Einrichtung eines Multi-Projektmanagements
(Programm-Management) sinnvoll. Es übernimmt die Planung
und Steuerung eines Projektbündels (Programm) bestehend
aus mehreren thematisch zusammengehörigen Projekten. Das
Projekt-Controlling liefert Kennzahlen und Analysen, überwacht die Umsetzung (z. B. Budgets, Meilensteine) und sorgt
für Transparenz. Der geschilderte Zusammenhang ist in Abb. 5.1
dargestellt.

Diese vorwiegend für die private Wirtschaft entwickelten
Managementstrukturen müssen mit den IT-Entscheidungsstrukturen
in der öffentlichen Verwaltung in Einklang gebracht werden.
Diese bestehen aus der politischen Ebene, dem darunterliegenden
IT-Lenkungsausschuss und der über verschiedene Ressorts hinweg
verteilten Arbeitsebene. Innerhalb der Arbeitsebene ist mit komplexen Strukturen aus dezentralen IT- und Fachressorts sowie verschiedenen Stabsstellen und Service-Centern zu rechnen, die nicht
zwingend einer zentralen IT-Governance folgen (vgl. Abb. 5.2).

**Abb. 5.1** Wichtige Begriffe
des Portfoliomanagements

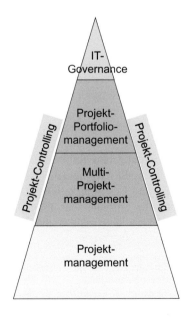

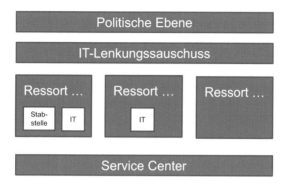

**Abb. 5.2** IT-Entscheidungsstrukturen in einer öffentlichen Verwaltung (Schwertsik o. J., S. 213 vereinfacht)

In Österreich liegen bereits umfangreiche Erfahrungen mit dem Projektportfolio-Management vor, allerdings ist auch hier das Controlling der erreichten „Wirkungen" die Projekte noch eine zu bewältigende Herausforderung (vgl. Halatek-Zbierzchowski und Klein 2011). Ein großer Vorteil des Öffentlichen Dienstes im Vergleich zur Wirtschaft ist es, dass für das Projektmanagement ein Vorgehensmodell (V-Modell XT) vorgeschrieben ist und es dieser Standard erleichtert, ein Projektportfoliomanagement zu etablieren (Zahner 2016, S. 28).

## 5.2 Konzept der IT-Portfolioanalyse

Üblicherweise werden auch in öffentlichen Einrichtungen zahlreiche IT-Projekte parallel in unterschiedlichen Fortschrittsgraden (z. B. in Planung, im Genehmigungsverfahren, in der Fachkonzeption, in der Entwicklung, in Einführung, im Probebetrieb, in der Wartung, in der Ablösung) bearbeitet. Da die finanziellen und sonstigen Ressourcen (z. B. Spezialpersonal) begrenzt sind, muss regelmäßig über die Zusammensetzung des Projektportfolios entschieden werden.

Portfoliomanagement ist die systematische und nachvollziehbare Festlegung der im Planungszeitraum zu realisierenden

Projekte bzw. Vorhaben zur Unterstützung der Unternehmensziele unter Beachtung mehrerer objektivierter Kriterien:

- Wirtschaftlichkeit der Projekte,
- Beitrag der Projekte zur Behörden- oder IT-Strategie,
- Realisierungswahrscheinlichkeit/Projekt-Risiko,
- Dringlichkeit der Projekte,
- Sicherheitsrelevanz der Projekte,
- Amortisationsdauer der Projekte,
- Risikobereitschaft der Entscheider.

Im Rahmen des Portfoliomanagements sind aus Sicht der Notwendigkeit einer Bewertung drei Projekttypen zu unterscheiden:
Soll-Projekte, Muss-Projekte und Standard-Projekte.

**Soll-Projekte**
Soll-Projekte sind der Behördenleitung aus strategischer Sicht
gewünschte Projekte, die nicht einer Bewertung unterzogen werden sollen bzw. müssen. Sie gelten für das Projektportfolio als
„gesetzt".

**Muss-Projekte**
Muss-Projekte sind aus operativen oder gesetzlichen Gründen
unausweichlich. Als allgemeine Beispiele lassen sich die Jahr2000-
Umstellung (faktisch notwendig) oder die Euro-Umstellung (Gesetz)
der IT-Systeme anführen.

**Standard-IT-Projekte**
Standard-IT-Projekte durchlaufen einen standardisierten Bewer-
tungsprozess, z. B. hinsichtlich ihres Kapitalwertes und Risikos
oder ihres Beitrages zur Unternehmensstrategie (Nutzwertanalyse).
Als Beispiel lassen sich die Einführung eines neuen Logistik-
systems oder die Umgestaltung des Rechnungswesens incl. einer
Softwareumstellung anführen.

**Life-Cycle-Modell**

Das IT-Portfoliomanagement umfasst die Bewertung und Auswahl von neuen IT-Projekten oder Wartungsprojekten und deren Steuerung in einem standardisierten Bewertungs-prozess. Die Bewertung geschieht aus Sicht des IT-Controllers in Form eines Life-Cycle-Modells durch eine an der IT-Strategie des Unternehmens orientierte IT-Projektauswahl (IT-Projekt-Portfoliomanagement) und die Steuerung der Projekte durch Beteiligung in den Lenkungsgremien der IT-Projekte (vgl. Abb. 5.3).

In der Abb. 5.4 ist ein Praxisbeispiel für einen realen Portfoliomanagementprozess dargestellt. Es zeigt die Basler Kantonalbank, welche im Rahmen eines Ideenfindungsprozesses zunächst Projektideen aus der Fachseite und der IT-Seite sammelt und kategorisiert. Anschließend erfolgt eine systematische Bewertung aus Auswahl bzw. Fortschreibung des Portfolios. Diese wird gefolgt von der Projektüberwachung (Projektcontrolling) und dem Nutzeninkasso, d. h. der nachgelagerten Überprüfung der Wirtschaftlichkeit.

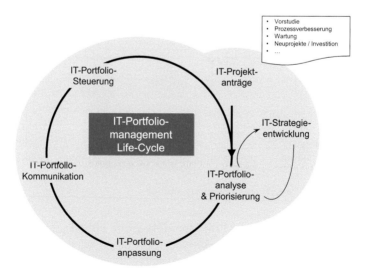

**Abb. 5.3**   IT-Portfoliomanagement-Life-Cycle

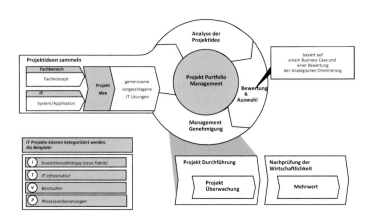

**Abb. 5.4**  IT-Portfoliomanagement bei der Basler Kantonalbank (Pilorget 2015, S. 74)

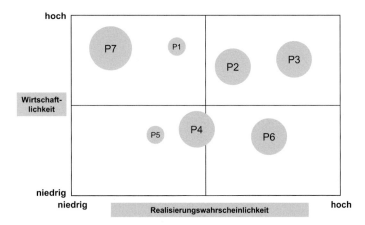

**Abb. 5.5**  Darstellung eines Projektportfolios

Die Darstellung der Projektportfolios wird oft mit grafischen verfahren (vgl. Abb. 5.5) unterstützt, bei denen auf den Achsen die beiden Hauptentscheidungskriterien (hier Wirtschaftlichkeit und Strategiebeitrag) dargestellt sind. Der Durchmesser der

Kreise, mit denen die Projekte eingezeichnet sind, stellt die relative Budgetgröße dar.

Zahlreiche dem Verfasser bekannte Behörden haben eigene Verfahren für das Portfoliomanagement entwickelt, die jedoch nicht publiziert wurden. Sie orientieren sich häufig an den aufgeführten Grundprinzipien und setzen für die Projektbewertung auf die Methode der Nutzwertanalyse, also die gewichtete Vergabe von Wertungen für mehrere Entscheidungskriterien.

## 5.3   Kritische Erfolgsfaktoren und Einführung

Der Erfolg des Projektportfoliomanagements hängt von einer Reihe von Faktoren ab. Wichtig ist insbesondere eine vollständige Rückendeckung durch die Behördenleitung, da Regeln zu beachten sind. Keine Projektgenehmigung darf im Regelfall an der festgelegten Vorgehensweise vorbei erfolgen. Bei größeren Datenmengen ist auch eine passende Softwareunterstützung notwendig. Beim Start reichen übliche IT-Bordmittel durchaus aus (z. B. ein Tabellenkalkulationsprogramm). Bei wachsendem Portfolio ist Einsatz spezialisierter Tools sinnvoll. Wichtig ist auch die Einrichtung eines „IT-Projektoffices" als zentrale Anlaufstelle für Antragsteller, Projektleiter und den Projektcontroller.

Die erstmalige Einführung von IT-Portfoliomanagement ist als Projekt zu organisieren. Ein generisches Vorgehensmodell ist in Abb. 5.6 dargestellt. Es zeigt, dass zunächst einmal eine erstmalige Erhebung der Projekte erfolgen muss. Viele projektähnliche Maßnahmen laufen in Fachbereichen oder in der IT, ohne dass sie als „Projekt" klassifiziert werden. Im zweiten Schritt sind die bisherigen Prozesse zu erheben, mit denen gearbeitet wurde. Hierbei sollen auch die Gründe für die jeweilige Vorgehensweise, insbesondere die Freigaberegeln, hinterfragt werden. Anschließend erfolgen eine Kategorisierung der Projekte, die Auswahl und Implementierung eines Werkzeuges sowie das Design der Sollprozesse mit den zukünftigen Freigaberegeln.

| Ist-Erhebung Projekte | Ist-Erhebung Prozesse | Typisierung Projekte | Aufbau Projekt-DB | Design Prozesse | Schulung & Rollout |
|---|---|---|---|---|---|
| **Projektstatus** (Idee, beantragt, geplant, laufend) | **Freigabe-mechanismen** | Definition und **Katego-risierung** der Projekte | **Tool-auswahl** und **Daten-erfassung** | Festlegung **Portfolio-Life-Cycle** (Prozessmodell) und |
| **Projekt-Inhalte** (Thema, Ziel, Leitung, Laufzeit, Budget) | **Priorisierungs-verfahren** bzw. **Anforderungen** | | | Priorisierungs-verfahren (Trichtermodell) |
| Identifikation von **Querbe-ziehungen** | | | | |

**Abb. 5.6** Vorgehensmodell für die Einführung von IT-Portfoliomanagement

## 5.4    Bewertung von IT-Sicherheitsprojekten

**Problemlage**

Die Bewertung von IT-Sicherheitsprojekten (z. B. Aufbau und Betrieb von Verschlüsselungssystemen, Einsatz digitaler Signaturen zur Authentisierung von Personen) ist unter rein wirtschaftlichen Gesichtspunkten problematisch, da häufig kein direkter Nutzen messbar ist. Dennoch ist sicherzustellen, dass ausreichende Budget-Mittel für IT-Sicherheitsmaßnahmen bereitgestellt werden, damit diese nicht von anderen Projekten aus dem IT-Projektportfolio verdrängt werden, die eine höhere Wirtschaftlichkeit nachweisen können. Anhand ausgewählter Praxisbeispiele wird dargestellt, welche Möglichkeiten der Bewertung für IT-Sicherheitsprojekte bestehen (vgl. ausführlich Gadatsch und Uebelacker 2006).

### Beispiel 1: Datensicherung und Virenschutz

In der Praxis wird selten nach der Wirtschaftlichkeit eines Datensicherungs-Konzeptes oder Virenschutz-Projekts gefragt, solange die Schutzmaßnahmen noch nicht etabliert waren, da die Notwendigkeit unumgänglich erscheint. Wurde die Lösung dagegen bereits implementiert, kann durch einen „Technologie Refresh" (Aktualisierung einer IT-Lösung an den aktuellen Stand der Technik) mit entsprechend reduzierten Betriebskosten ggf. durch das Projekt ein positiver Wirtschaftlichkeitsbeitrag realisiert werden.

Deshalb steht die Frage im Raum: Weshalb sollen Behörden in IT-Sicherheitsprojekte investieren? Idealerweise führen sie eine Risikoabwägung durch. Entweder tragen sie das Risiko und unternehmen weiter nichts oder sie halten das Risiko für untragbar und werden aktiv, z. B. durch Installation einer Virenschutzsoftware oder eines Back-up-Systems. IT-Sicherheits-Projekte wirken sich absichernd auf die Investitionen aus. Verschlüsselungs-, Virenschutz- und Firewallprojekte sind typische Beispiele dafür. Der relevante Geschäftsprozess als solcher wird jedoch nicht „optimiert", sondern lediglich durch die IT-Security-Maßnahme „abgesichert". Diese Projekte erhöhen aufgrund der notwendigen Investition und der laufenden Wartungskosten die Kosten der Infrastruktur. Das aber bedeutet, dass hier eine positive Wirtschaftlichkeit nicht darstellbar ist.

**Beispiel 2: Single Sign On**

Passwörter sollen schwer zu erraten sein und sind periodisch zu wechseln. Zahlreiche Mitarbeiter verwalten Passwörter für unterschiedliche von Ihnen genutzte IT-Systeme (z. B. E-Mail, Reisekostenabrechnung oder Kassensysteme) und benötigen Hilfe, wenn Störungen auftreten (z. B. Passwort-Reset). Eine Lösung zur Vereinfachung dieser Problematik sind Single Sign-On-Systeme (SSO). Sie sorgen dafür, dass sich ein Anwender nur einmal authentisieren muss. Dies geschieht entweder durch ein Passwort oder eine Chipkarte (Smartcard). Das SSO-System hat die Passwörter für alle benötigten Ziel-Anwendungen gespeichert.

**Beispiel 3: Elektronische Steuererklärung (Elster)**
Ein Ziel von ELSTER ist die Unterstützung der Bürger bei der Erstellung ihrer Steuererklärungen in digitaler Form. Dabei werden die Daten für die Steuererklärungsformulare dezentral elektronisch erfasst. Die Idee liegt nun darin, die erfassten Daten der Steuerverwaltung über das Internet zur Weiterverarbeitung zur Verfügung zu stellen. Damit spart die Steuerverwaltung die Kosten der Datenerfassung und kann den Prozess beschleunigen. Eine positive Wirtschaftlichkeit kann bei diesem Szenario unterstellt werden.

Allerdings bezieht sich der Wirtschaftlichkeitseffekt auf den gesamten Geschäftsprozess. Die die Wirtschaftlichkeit positiv bestimmenden Faktoren liefert hier primär die eingesparte elektronische Datenerfassung. Die implementierten Sicherheitsmechanismen wirken „lediglich" als „Enabler" zur Implementierung des Optimierungspotenzials.

**Beispiel D: Digitale Signaturen in Workflowgestützten Geschäftsprozessen**
Beim Einsatz digitaler Signaturen in Workflows (Workflows sind automatisierte Geschäftsprozesse, vgl. ausführlich Gadatsch 2017) geht es darum, repetitive Geschäftsprozesse elektronisch zu unterstützen und mit Hilfe von Authentisierungsmechanismen die Ausführung von Teilschritten anzustoßen und deren Durchführung nachzuweisen. So kann z. B. die Freigabe einer Bestellung, die Genehmigung eines Urlaubsantrages oder einer Dienstreise ein solcher Teilschritt sein. Workflow-Management-Systeme setzen häufig ein hohes Optimierungspotenzial frei. Eine positive Wirtschaftlichkeit ist i. d. R. darstellbar.

Die gesetzlichen Rahmenbedingungen bieten grundsätzlich die Möglichkeit, händische Unterschriften durch zertifizierte Digitale Signaturen (elektronische Unterschriften) zu ersetzen. Das erfordert jedoch technische und organisatorische Investitionen, denen für den Nachweis einer positiven Wirtschaftlichkeit ein Nutzen zuzuordnen ist. Der Nutzen kann nur aus Prozessverbesserungen generiert werden. Die Prozessoptimierung mit der Freisetzung des Einsparpotenzials resultiert nicht direkt aus einem Sicherheitsprojekt, sondern aus der Ablösung papiergebundener Prozesse durch elektronische Systeme.

**Projekttypen für IT-Sicherheitsprojekte**
Klassifiziert man die vorgestellten Projekte, so lassen sich nach Uebelacker (vgl. Gadatsch und Uebelacker 2006) drei Projekttypen ableiten: das Versichererprojekt, das Enablerprojekt und das Einsparerprojekt (vgl. Abb. 5.7).

**Versichererprojekt (insurer)**   Ziel dieser Projekte ist es, die Eintrittswahrscheinlichkeiten und das Risiko von ungewünschten Ereignissen zu minimieren. Das primäre Ziel ist es nicht, Einsparpotenziale zu realisieren. Ein RoI ist im Regelfall nicht darstellbar. Zahlreiche IT-Sicherheitsprojekte sind Versichererprojekte (z. B. Firewall, Virenschutzprogramm, Zugangskontrollsysteme)

**Ermöglicherprojekt (enabler)**   Haben neue Geschäftsprozesse Sicherheitsanforderungen, handelt es sich oft um Enablerprojekte. Die IT-Sicherheitsmaßnahmen haben unterstützenden

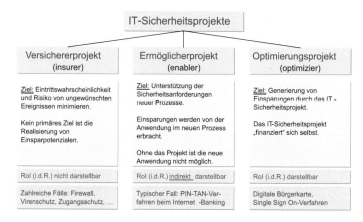

**Abb. 5.7**   Projekttypen für die Portfolioanalyse (IT-Sicherheitsprojekte) (Gadatsch und Uebelacker 2006)

Charakter. Die Einsparung wird primär von der Anwendung erzielt, nicht von den Sicherheitsbausteinen. Ein typisches Beispiel sind PIN-TAN-Verfahren beim Internetbanking, ohne die keine Bankgeschäfte über das Internet möglich sind. Auch Firewallsysteme zählen hierzu, die durch die Abschottung des Unternehmensnetzes nur ausgewählte Transaktionen ermöglichen (z. B. Sicherer Zugriff von Kunden auf seine Bestelldaten im Firmenrechner). RoI-Überlegungen sind bei Enabler-Projekten von nachgeordneter Bedeutung.

**Optimiererprojekt (optimizer)** Dieser Projekttyp ist selten anzutreffen. Durch eine Sicherheitsanwendung lassen sich Einsparungspotenziale realisieren. Ein Beispiel ist die digitale Bürgerkarte (digitales Ausweissystem), die als Identifikationsmedium eine Vielzahl von wirtschaftlichen Nutzenpotenzialen anbietet.

Bei der Beurteilung eines IT-Sicherheitsprojektes ist zu ermitteln, worauf das Einsparungspotenzial basiert. Typischerweise ist die Anwendung verantwortlich, da sie den Geschäftsprozess auf IT-Systeme abbildet. Bei ELSTER steht das vom Bürger ausgefüllte elektronische Formular für diese Anwendung. Untersucht man Projekte mit Einsparungspotenzial, so fällt auf, dass die Anwendungen in den seltensten Fällen „reine" Security-Anwendungen sind. Single-Sign-On-Projekte sind Ausnahmen. Deutlich wird, dass zahlreiche Anwendungen IT-Sicherheits-Funktionen erfordern, damit sie ihren Mehrwert generieren können. Als klassisches Beispiel gilt Internet-Banking, das ohne sicheren Datenaustausch mit dem PIN-TAN-Verfahren zwischen Kunden und Bank nicht möglich ist. Dennoch bleibt als wichtiges Ergebnis festzuhalten: Für viele IT-Security-Projekte ist kein positiver wirtschaftlicher Beitrag darstellbar.

**Lösungskonzept RoSI**
Die University of Idaho hat vor dem Hintergrund der geschilderten Problematik ein am Return on Investment orientiertes Rechenmodell zur Ermittlung eines RoSI (Return on Security Investment) ermittelt (vgl. Keller 2002). Die Größe RoSI ist die Differenz aus dem Nutzen, der durch IT-Sicherheitsmaßnahmen erzielt wird

und den Kosten für die Implementierung und den Betrieb der notwendigen IT-Sicherheitstools (z. B. Firewall, Verschlüsselungssoftware). RoSI berücksichtigt neben den Implementierungskosten auch die durch Schäden verursachten Kosten. Die Formeln zur Berechnung der RoSI-Kennzahl sind in Abb. 5.8 dokumentiert.

Ein einfaches Rechenbeispiel ergibt folgendes Bild: Der Kauf und Betrieb einer Firewall (T = 30.000 €) sorgen für einen Sicherheitsgrad von 95 %. Das Gesamtrisiko möglicher Schäden bei Verzicht auf eine Firewall wird mit 100.000 € geschätzt. Die Bruttoersparnis durch den Einsatz der Firewall beträgt E = 95.000 €. Nach Abzug der Toolkosten von T = 30.000 € verbleibt eine Netto-Einsparung von RoSI = 65.000 €. Oder etwas einfacher: RoSI = E − T [65.000 € = 95.000 € − 30.000 €].

Der Einsatz der Methode ist in der Praxis nicht einfach. Ein Beispiel aus der Bankenpraxis wurde in (Sowa 2007) veröffentlicht. Eine Bank möchte das bisher eingesetzte klassische PIN/TAN-Verfahren, das über einige Schwächen verfügt durch modernere Verfahren ablösen. Favorisiert wird von den technischen Experten der Bank das HBCI-Verfahren, da es derzeit als das sicherste, aber auch teuerste Verfahren gilt. Eine Zusammenstellung aller möglichen Alternativen (vgl. Abb. 5.8 und 5.9) bietet einen Kompromiss zwischen Kunden-freundlichkeit und Wirtschaftlichkeit (gemessen mit der Kennzahl ROSI). Es wird eine Empfehlung für das iTAN oder eTAN-Verfahren gegeben.

| RoSI = R − ALE | R | Jährliche Kosten der Schadensbeseitigung durch Angriffe auf IT-Systeme. |
| | ALE | Annual Loss Expectancy (Jährliche Verlusterwartung durch verbliebene Schäden). |
| ALE = (R-E) + T | E | Ersparnis (Nutzen) durch Reduzierung der Schadensbeseitigungskosten (R) durch IT-Sicherheitsmaßnahmen. |
| | T | (Tool-)Kosten für Sicherheitsmaßnahmen |
| RoSI = E − T | | |

**Abb. 5.8** Return on Security Invest (RoSI) (University of Idaho)

| Ver-fahren | Erläuterung | Wirksam-keit | Investion für Bank / Kunde € | ROSI € | Ranking nach ROSI | Ranking Kunden-freundlichkeit |
|---|---|---|---|---|---|---|
| HBCI | Phishing und Pharming nicht mehr möglich Risiken: Lesegeräte und Karten oder Mobiltelefon können dem Besitzer entwendet werden. | 90% | 60.000 / 70 | 3.000 | 5 | 4 |
| mTAN | Phishing und Pharming nicht mehr möglich, weil die mobile TAN nur für die in der SMS genannten Kontonummer und Betrag gültig ist. | 90% | 50.000 / 17 | 13.000 | 2 | 3 |
| eTAN | TAN wird im Rahmen des Überweisungsauftrages direkt erzeugt, wirksam gegen Phishing. | 75% | 35.000 / 10 | 17.500 | 1 | 2 |
| iTAN | Phishing nur mit erhöhtem Aufwand möglich (Abfrage von mehreren iTANs) | 60% | 30.000 / 0 | 12.000 | 3 | 1 |
| PIN TAN | Verfahren ist in dem Beispiel-Kreditinstitut bereits im Einsatz | 10% | 0 / 0 | 7.000 | 4 | 1 |

**Abb. 5.9** Einsatz der RoSI-Methode in der Praxis. (Vgl. Sowa 2007)

Die Berechnung von RoSI bei vorliegenden Daten ist vergleichsweise einfach. Als zusätzliches, aber nicht ausreichendes Argument ist es einsetzbar, um Sicherheits-Investitionen zu untermauern. Ein praxisnahes Beispiel zur Berechnung der RoSI-Kennzahl für den Verlust von Laptops hat Pohlmann (2006, S. 30 f.) veröffentlicht. Sein Beispiel zeigt, dass sich Sicherheitsinvestitionen durchaus mit Hilfe von RoSI ermitteln lassen. Die Berechnung der RoSI-Kennzahl kann allerdings scheitern, wenn sich nicht ausreichend Daten beschaffen lassen, denn die Höhe der eingetretenen Schäden ist nicht immer bekannt. Potenzielle Schäden lassen sich oft nicht quantifizieren. Der ROSI-Ansatz ist rechentechnisch einfach und bei guter Datenlage einsetzbar, wegen der problematischen Datenerhebung leider aber in der Praxis nicht in vielen Fällen geeignet (vgl. z. B. auch Matousek et al. 2004, S. 37).

## 5.5 Fallstudie zur Projektauswahl in einer Behörde

**Szenario**

- Die „Behörde" sieht sich als nationaler Dienstleister für hier lebende Bürger. Sie bietet innovative Dienstleistungen im direkten „Bürgerkontakt" an. Die Behördenleitung strebt eine „Digitalisierung" der Prozesse an um die Kosten zu senken und die Wahrnehmung als „Innovativer Bürgerdienstleister" zu erhöhen. Die Leitung ist zugleich sehr risikobewusst und drängt auf hohe „IT-Sicherheit".

- Das für die nächste Periode freigegebene IT-Budget beträgt 5 Mio. €. Die IT-Steuerungsgruppe bekommt Projekte zur Entscheidung vorgelegt und muss das Portfolio für die nächste Periode festlegen.

**Projektliste**

1. Einführung eines neuen Warenwirtschaftssystems auf der Basis einer Cloud-Lösung beim US Unternehmen „Xmazon. com", welches die Daten in Rechenzentren aller Kontinente speichert. Durch die Einführung des Systems können jährlich ca. 0,5 Mio. € eingespart werden. Die Projektkosten belaufen sich auf 2,5 Mio. €.

2. Migration des Content-Management-Systems auf das nächste Release. Hierdurch können die Mitarbeiter in Echtzeit auf alle Dokumente zugreifen und vielfältige Prozesse unterstützen. Der Aufwand beläuft sich auf ca. 0,5 Mio. €. Der Nutzen des Projektes ist umstritten.

3. Einführung eines Identity-Management-Systems. Hierdurch sind Anwendungen in der Lage, Personen und ihnen zugeordnete Rechte zu identifizieren. Anwender benötigen weniger Zeit um sich in die von Ihnen benutzten Systeme einzuloggen und müssen sich nur ein Kennwort merken. Der Aufwand für das Projekt wird auf 0,5 Mio. € geschätzt, der Nutzen lässt sich nicht beziffern.

4. Der Fuhrpark soll modernisiert werden. Eine Telematik-lösung soll die Lokalisierung und Navigation der Fahrzeuge unterstützen und die Routenplanung optimieren. Aufwand ca. 1,5 Mio. €, der Nutzen ist nicht zu beziffern.

5. Die Sachbearbeitung soll durch eine Workflow-Software unterstützt werden. Hierdurch können mehrere Dienstposten eingespart werden. Der Aufwand beträgt 2 Mio. €. Der jähr-liche Nutzen beträgt ca. 1 Mio. €. Allerdings sind die digita-len Bürgerdaten sensibel und müssen durch eine zusätzliche Firewall geschützt werden, was einmalig 0,5 Mio. € kosten und den jährlichen Nutzen um 0,2 Mio. € reduziert.

6. Die Leitung möchte sehr moderne Endgeräte mit neuester Software einsetzen um sich mit der neuen Digitaltechnologie vertraut zu machen. Der IT-Service muss hierfür Mitarbeiter abstellen, um den „VIP-Support" sicherzustellen Kosten: 0,2 Mio. €, Nutzen: unbekannt. Allerdings hat der „Leitungs-Wille" hohe Priorität.

7. Die im Rahmen eines „mobilen Bürgerservices" eingesetzten Außendienst-Mitarbeiter sollen mobile Arbeitsplätze erhalten. Die wenig technikaffine Belegschaft muss intensiv geschult werden. Die Kosten des Projektes werden mit ca. 1,5 Mio. € veranschlagt, der Nutzen kann nicht beziffert werden. Allerdings verspricht sich der zuständige Abteilungsleiter davon geringere Arbeitszeiten.

8. Das Finanzministerium erlässt eine zwingende Verordnung, die Anpassungen im Bereich der Lohn- und Gehaltsabrechnungssoftware erfordert. Die Kosten belaufen sich auf 0,25 Mio. €. Ein Nutzen lässt sich nicht beziffern. Ein Wahlrecht ist nicht möglich, die Anpassungen müssen im nächsten Zeitraum erfolgen.

**Aufgabenstellung** Erarbeiten Sie vor der Bewertung der Projekte ein Konzept und einen Algorithmus zur Priorisierung der o. g. Projekte und bewerten Sie jedes Projekt auf der Basis ihres Algorithmus. Treffen Sie eine konkrete Entscheidung in Bezug auf das Portfolio für den nächsten Zeitraum.

**Lösungsvorschlag** Diese Fallstudie kann zu sehr unterschiedlichen Lösungen führen. Zunächst sollte ein Konzept beschrieben werden, wie die Priorisierung erfolgt. Anschließend ist eine Operative Reihenfolge zu bilden. Das Konzept könnte zum Beispiel wie folgt aussehen:

- Projekte werden in drei Kategorien untergliedert: Mussprojekte, Sollprojekte und Kannprojekte. Die Kategorisierung ist Aufgabe des IT-Controllers, Projektleiter machen einen Vorschlag.
- Mussprojekte werden zunächst in das Portfolio eingestellt, solange Budget vorhanden ist.

- Reicht das Budget hier schon nicht aus, so muss die Behördenleitung das weitere Verfahren bestimmen. Das restliche Budget geht an die Sollprojekte. Verbleibt dann noch Budget, wird unter den Kannprojekten eine Reihenfolge gebildet, nach der das Budget zu verteilen ist.
- Die Reihenfolge für die Kannprojekte erfolgt mittels Nutzwertanalyse auf Basis der folgenden Kriterien: Quantitativer Nutzen/Projektkosten (Gewichtung 1) und Strategischer Wertbeitrag (Gewichtung 2).
- Formel für den Nutzwert: Nutzen/Kosten $* 2 *$ Strategischer Wertbeitrag
- Der Strategische Wertbeitrag kann folgende Werte annehmen: $0 = $ Kein Wertbeitrag, $1 = $ Normaler Strategischer Beitrag, $2 = $ Hoher Strategischer Beitrag. Die Einstufung erfolgt durch den IT-Controller in Verbindung mit dem CIO.
- Das Budget sollte möglichst ausgeschöpft werden, d. h. die Reihenfolge kann u. U. geringfügig geändert werden, wenn Restbudgets dadurch ausgeschöpft werden können.

## 5.6    Zusammenfassung

- Das IT-Portfoliomanagement ist ein Instrument zur Unterstützung der IT-Governance
- Es regelt die strategiekonforme Zuteilung von IT-Budgets auf der Grundlage eines nachvollziehbaren, transparenten Verfahrens

## Literatur

Gadatsch, A.: Grundkurs Geschäftsprozessmanagement, 8. Aufl. Wiesbaden (2017)

Gadatsch, A., Uebelacker, H.: Wirtschaftlichkeitsbetrachtungen für IT-Security-Projekte. HMD **248**, 44–50 (2006)

Halatek-Zbierzchowski, M., Klein, T.: Projektportfoliomanagement in der öffentlichen Verwaltung, Durchgängige Umsetzung der Wirkungsorientierung. Z. Financ. Control. **5**(5), 185–188 (2011)

Keller, R.: Ist RoSI berechenbar? Return on security invest. CIO-Magazin **5**, 58–61 (2002)

Matousek, M., Schlienger, T., Teufel, S.: Metriken und Konzepte zur Messung der Informationssicherheit. In: Möricke, M. (Hrsg.) IT-Sicherheit, S. 33–41. Springer, Heidelberg (2004) (HMD Heft 236/2004)

Pilorget, L.: Implementing IT-Processes. Springer Vieweg, Wiesbaden (2015)

Pohlmann, N.: Wie wirtschaftlich sind IT-Sicherheitsmaßnahmen? HMD **248**(4), 26–34 (2006)

Schwertsik, A. R., Wolf, P., Krcmar, H.: Entscheidungsstrukturen der IT-Governance in der öffentlichen Verwaltung: Ergebnisse einer Fallstudie. Gesellschaft für Informatik e. V., München (o. J.)

Sowa, A.: IT-Revision in der Bankenpraxis. HMD **254**(4), 82–93 (2007)

Zahner, H.: Projektportfolio- und Multiprojektmanagement in der öffentlichen Verwaltung, 02, Public 02-16, Management, S. 24–28. https://publikation. msg.group/publikationsarchiv/fachartikel/242-beitrag-n-der-public-ausgabe-02-2016-projektportfolie-und-multiprojektmanagement-in-der-oeffentlichen-verwaltung/file (2016). Zugegriffen: 14. Juli 2019

# Earned-Value-Analyse

# 6

## Projekte planen, überwachen und steuern

*IT-Controller sind Dienstleister*

**Zusammenfassung**

Die laufende Bewertung von Projekten ist ein wichtiges Instrument für IT-Controller. In diesem Abschnitt wird das Instrument der Earned-Value-Analyse vorgestellt, das zur Steuerung von mehreren Projekten konzipiert wurde Es ist vor allem als Werkzeug für das Multiprojektmanagement geeignet, setzt aber konsequente Planung und Ist-Datenrückmeldung voraus.

## 6.1 Aufbau der Earned-Value-Analyse

Im öffentlichen Sektor nehmen Großprojekte zu, für die Steuerungsmechanismen notwendig sind. Leider ist festzustellen, dass es eine Vielzahl von gescheiterten Großprojekten gerade im öffentlichen Sektor gibt (vgl. hierzu die Analyse von Mertens et al. 2012; Tab. 6.1).

Insbesondere sind Kennzahlen nötig, die den Fortschritt eines Projektes und den Nutzen darstellen (Hartmann et al. 2019, S. 19), denn Projektleiter werden in der Praxis regelmäßig mit folgenden Fragen konfrontiert:

© Springer Fachmedien Wiesbaden GmbH, ein Teil von Springer Nature 2020
A. Gadatsch, *IT-Controlling für die öffentliche Verwaltung kompakt,*
IT kompakt, https://doi.org/10.1007/978-3-658-28580-7_6

**Tab. 6.1** Großprojekte mit Problemen im Öffentlichen Dienst (Mertens et al. 2012)

| Fiskus | Vereinheitlichte IT für die Steuerverwaltungen |
|---|---|
| Rubin | Nürnberger Fahrerlose U-Bahn U3 |
| Signalsteuerung | Im Berliner Tiergartentunnel |
| Toll Collect | Autobahnmaut |
| DiPlaZ | Dienstplanungs- und Zeitwirtschaftssystem für die Bayrische Polizei |
| EGK | Elektronische Gesundheitskarte |
| A2LL | In der Arbeitsverwaltung |
| ELENA | Elektronischer Entgeltnachweis |
| E-Bilanz | Onlineübertragung des Jahresabschlusses |
| Hochschulstart | Studienplatzvergabe |

1. Wo steht das Projekt?
2. Ist das Projekt noch im Zeitplan?
3. Wie haben sich die Kosten entwickelt?
4. Wo werden wir am Ende der Projektlaufzeit stehen?
5. Wie stark weicht das Projekt vom Zeitplan und Kostenplan ab?

Zur Beantwortung dieser Fragen fehlen häufig geeignete Basisdaten. Ein Vergleich der Ist-Kosten eines Projektes mit den Plankosten führt zu falschen Ergebnissen, da eine in der Praxis meist nicht vorhandene Proportionalität von Zeitverlauf und Kostenverlauf unterstellt wird. Die Earned-Value-Analyse ermittelt zur Vermeidung dieser Problematik *Sollkosten,* die den theoretisch erreichbaren Kostenwert und damit den Projektwert angeben und vergleicht diese mit den Ist-Kosten. Sie misst die Projektleistung auf Basis der ursprünglich geplanten Kosten (Werkmeister 2008, S. 171). Daneben werden Kennzahlen für die Analyse gebildet (vgl. Kesten et al. 2007, S. 101 ff.; Linssen 2008, S. 87 ff.). Die Earned-Value-Analyse beantwortet als Instrument für das Projektcontrolling z. B. folgende Fragen (vgl. Fiedler 2005, S. 157 ff.):

- Wie hoch sind die tatsächlichen Kosten (Ist-Kosten)?
- Wie hoch dürften die Kosten bei planmäßigem Verlauf sein (Soll-Kosten)?
- Verläuft das Projekt wirtschaftlich (Ist-Soll)?
- Wird die geplante Leistung erbracht (Soll-Plan)?

**Basisdaten**
Folgende Basisdaten lassen sich dem Projektverlauf entnehmen:

- Plankosten = Planmenge × Planpreis
- Ist-Kosten = Ist-Menge × Ist-Preis
- Leistungswert (Earned Value) = Ist-Menge × Plan-Preis

Der *Leistungswert* entspricht dem tatsächlichen Wert der erbrachten Leistung, den Sollkosten des Projektes. Er entspricht also der Höhe der Kosten, wie sie nach dem Planungsstand des Projektes sein dürften (Linssen 2008, S. 89).

**Kennzahlen**
Zur Analyse des Projektes lassen sich mehrere Abweichungsgrößen ermitteln:

- *Planabweichung* = Leistungswert − Plan-Kosten
- *Kostenabweichung* = Leistungswert − Ist-Kosten

Die *Zeiteffizienz* ist der Quotient aus dem Leistungswert (Earned Value) und den ursprünglichen Plankosten. Ist die Zeiteffizienz größer als 1 ist der Projektverlauf schneller als geplant:

- Zeiteffizienz = Leistungswert/Plankosten

Die *Kosteneffizienz* ist der Quotient aus dem Leistungswert (Earned Value) und den tatsächlich angefallenen Ist-Kosten. Liegt der Wert dieser Kennzahl oberhalb von 1 handelt es sich um ein kostengünstiges Projekt:

- Kosteneffizienz = Leistungswert/Ist-Kosten

**Voraussetzungen für den Einsatz**
Die Earned-Value-Analyse ist nur einsetzbar wenn eine vollständige und detaillierte Projektplanung vorliegt (Projektstruktur,
-termine, -kosten) und diese sehr detailliert auf der Ebene von
Teilaufgaben bzw. Arbeitspaketebene erstellt wurde. Daneben
sind realistische Aufwandsschätzungen notwendig.
    Sie ist insbesondere dann nicht mehr einsetzbar, wenn fol-
gende Merkmale auf das Projekt zutreffen (vgl. Stelzer und
Bratfisch 2004, S. 69):

- Projektfortschritt wird nicht gemeldet,
- Mitarbeiter buchen auf Projekte, für die sie nicht gearbeitet
  haben oder kontieren falsche Tätigkeiten,
- Termine werden nicht eingehalten oder oft verschoben,
- keine IT-Unterstützung (Projektmanagement-Software) ver-
  fügbar.

**Einsatz in der Praxis**
Als Vorteile der Methode werden die folgenden Argumente
angeführt (Linssen 2008, S. 100): Möglichkeit zum Aufbau eines
Frühwarnsystems, Kennzahlen ermöglichen rasche Information
von Aufsichtsgremien (Projektlenkungsausschuss), Entlastung der
Führungskräfte durch Definition von Schwellwerten, die Hand-
lungsbedarf für Führungskräfte anzeigen. Der Werkzeugkasten des
IT-Controllers verfügt über zahlreiche Elemente (vgl. hierzu aus-
führlich Gadatsch und Mayer 2013), die aber nicht immer konse-
quent zum Einsatz kommen. In der Praxis dominieren klassische
Meilensteintrendanalysen und Wirtschaftlichkeitsrechnungen. Die
Earned-Value-Analyse kommt nach einer 10-Jahres Langzeit-
analyse häufiger zum Einsatz als bisher, allerdings ist hier noch
Potenzial zu sehen (vgl. Gadatsch et al. 2013, S. 20).

## 6.2    Anwendungsbeispiel

**Basisdaten und Projektverlauf**
Eine Versicherung plant die Einführung eines „Online-Schaden-
abwicklungssystems" zur Beschleunigung der Schadenabwicklung.

Ein externes Softwareunternehmen hat das Projekt übernommen. Insgesamt sind 5 Arbeitspakete (AP) geplant, um das System zu entwickeln:

- AP1: Erstellung einer Vorstudie         (1 Monat, 20.000 €)
- AP2: Anforderungsanalyse              (2 Monate, 40.000 €)
- AP3: Softwareauswahl und Beschaffung  (1 Monat: 10.000 €)
- AP4: Customizing und Anpassung       (3 Monate: 120.000 €)
- AP5: Inbetriebnahme des Systems       (1 Monat, 25.000 €)

Das Projekt nimmt bis zum Ablauf der 27 Woche folgenden Verlauf: Die Vorstudie (AP1) verzögert sich aufgrund verschiedener Umstände um zwei Wochen. Durch den Einsatz eines Werkstudenten konnten die Kosten allerdings auf 15.000 € begrenzt werden. Die Anforderungsanalyse (AP2) erfolgt völlig planmäßig mit einer Dauer von acht Wochen und Kosten in Höhe von 40.000 €. Die Softwareauswahl und Beschaffung (AP3) verzögert sich um eine Woche, weil der IT-Einkäufer krank ist und der Vertreter mehr Zeit benötigt, um sich einzuarbeiten. Die Kosten für die Auswahl und Beschaffung erhöhen sich auf 12.000 €, weil Überstunden zur Einarbeitung anfallen. Das Arbeitspaket 4 kann bereits nach 2 Monaten Bearbeitungszeit abgeschlossen werden, weil die Versicherung zahlreiche Standardprozesse unverändert übernimmt und hierdurch der geplante Aufwand entfällt. Aufgrund des Einsatzes externer Mitarbeiter für das Customizing sind die Personalkosten höher ausgefallen als geplant. Es fallen für das AP4 insgesamt 90.000 € an.

*Hinweis: Ein Monat wird mit 4 Wochen geplant.*

**Aufbereitung der Basisdaten des Ist-Projektverlaufs**

T = 4      AP1 = 4 + 2 = 6 Wochen (15.000 €)
T = 14     AP2 = 8 Wochen (40.000 €)
T = 19     AP3 = 4 + 1 = 5 Wochen (12.000 €)
T = 27     AP4 = 12 − 4 = 8 Wochen (90.000 €)

Summe: 27 Wochen (157.000 €)

**Plan-Gesamtkosten    215.000 €**

Plangesamtmengen × Planpreise

$20.000 + 40.000 + 10.000 + 120.000 + 25.000 = 215.000$

**Plankosten (27. Woche)     180.000 €**

Planmengen bis zum relevanten Zeitpunkt × Planpreise
$20.000 + 40.000 + 10.000 + 11/12 * 120.000 = 180.000$
Hinweis zu AP4: Die AP1-3 sind mit ihren Planwerten anzu-
setzen. AP4 hätte in der 27 Woche zu 11/12 der fertiggestellt
sein müssen.

**Fertigstellungswert (Earned Value) (27. Woche)     190.000 €**

Ist-Mengen * Planpreise
$20.000 + 40.000 + 10.000 + 120.000 = 190.000$
Hinweis zu AP4: In der 27. Woche sind vom AP4 12/12 (100 %)
fertiggestellt worden, d. h. alle AP gehen mit ihrem vollen Wert in
den EV ein.

**Ist-Kosten     157.000 €**

$15.000 + 40.000 + 12.000 + 90.000 = 157.000$

**Analyse der Basisdaten**
**Kostenabweichung = Earned Value – Ist-Kosten     +33.000 €**

$190.000 - 157.000$

**Kostenabweichung (Earned Value – Plankosten (27. Woche)**
**    +10.000 €**

$190.000 - 180.000$

**Kosteneffizienz = Leistungswert/Ist-Kosten     +1,21**

$190.000/157.000$

**Zeiteffizienz = Leistungswert/Plankosten     +1,06**

$190.000/180.000$

**Gesamtbewertung**
Das Projekt hat aufgrund der Verkürzung der Customizingaktivi-
täten (Kosteneffizienz ist größer 1) deutlich geringere Kosten als
geplant. Zudem ist es noch etwas schneller als erwartet (positive
Zeiteffizienz). Somit ist es insgesamt ein positiv verlaufendes
Projekt.

## 6.3    Zusammenfassung

Die Earned-Value-Analyse wurde für das Projektcontrolling entwickelt und stellt Kennzahlen zur Steuerung und Analyse des Projektverlaufs (insbesondere Kosten und Zeit) bereit.

- Basisdaten
  - Plankosten = Planmenge × Planpreis
  - Ist-Kosten = Ist-Menge × Ist-Preis
  - Leistungswert (Earned Value) = Ist-Menge × Plan-Preis
- Kennzahlen
  - Planabweichung = Leistungswert − Plan-Kosten
  - Kostenabweichung = Leistungswert − Ist-Kosten
  - Zeiteffizienz = Leistungswert/Plankosten
  - Kosteneffizienz = Leistungswert/Ist-Kosten

## Literatur

Fiedler, R.: Controlling von Projekten, Braunschweig/Wiesbaden (2005)

Gadatsch, A., Mayer, E.: Masterkurs IT-Controlling, Grundlagen und Praxis – IT-Kosten- und Leistungsrechnung – Deckungsbeitrags- und Prozesskostenrechnung, Target Costing, 5. Aufl. Wiesbaden (2013)

Gadatsch, A., Kütz, J., Juszczak, J.: Ergebnisse der 4. Umfrage zum Stand des IT-Controlling im deutschsprachigen Raum. In: Schriftenreihe des Fachbereiches Wirtschaft Sankt Augustin, Bd. 33. Hochschule Bonn-Rhein-Sieg, Sankt Augustin (2013)

Hartmann, K., Lange, P., Bauer, T.: IT-Management im öffentlichen Sektor. Erfolgsfaktoren für Großprojekte in Behörden und Verwaltungen. eGO-VERNMENT Comput. **ohne Jahrgang**(007), 19 (2019) (ISSN 1618-3142)

Kesten, R., Müller, A., Schröder, H.: IT-Controlling, Messung und Steuerung des Wertbeitrags der IT, München (2007)

Linssen, O.: Die Earned Value Analyse als Kennzahlensystem zur Projektüberwachung. In: Pütz, M., Böth, T., Arendt, V. (Hrsg.) Controllingbeiträge im Spannungsfeld offener Problemstrukturen und betriebspolitischer Herausforderungen, S. 87–114. Josef Eul, Lohmar (2008)

Mertens, P.: Schwierigkeiten bei IT-Großprojekten der Öffentlichen Verwaltung, Nürnberg, Arbeitspapier Nr. 2/2012, 4. Aufl. http://wi1d7.wi1projects.com/sites/wi1d7.wi1projects.com/files/publications/swp_4_aufl_arbeitsbericht.pdf (2012). Zugegriffen: 8. Mai 2019

Stelzer, D., Bratfisch, W.: Earned-Value-Analyse – Controlling-Instrument
   für IT-Projekte und IT-Projektportfolios. HMD **254**(4), 61–70 (2004)
Werkmeister, C.: Fallstudie zum Controlling innovativer Projekte mit dem
   Earned-Value-Ansatz. WiSt., 3, S. 171–174 (März, 2008)

# IT-Kennzahlensysteme

# 7

## IT-Kennzahlen: Basis für das Reporting

*Ohne IT-Kennzahlen kein Reporting*

**Zusammenfassung**

In diesem Abschnitt werden der Einsatz, die Eignung und die
Nutzung von IT-Kennzahlen behandelt. Anhand von Prüfkriterien
können Kennzahlen auf Tauglichkeit überprüft werden.

## 7.1 Kennzahlen im IT-Controlling

*Kennzahlen* bzw. *Key-Performance-Indicators (KPIs)* sind wichtige Elemente in der Controller-Praxis. Auch im öffentlichen
Sektor werden Kennzahlen zunehmend zur Behördensteuerung
verwendet (vgl. Hirsch und Weber 2018). Sie dienen der regelmäßigen Information des Managements (Fachseite und IT-Seite)
sowie der Steuerung von Projekten. Sie ermöglichen eine
Ursachenanalyse der Abweichungen zwischen Zielwerten und
Istwerten und signalisieren notwendige Gegenmaßnahmen, um
die Ziele der IT-Strategie zu erreichen. Der damit verbundene
Regelkreislauf ist in Abb. 7.1 dargestellt.

IT-Kennzahlen können in absolute Kennzahlen und Verhältnis-
kennzahlen unterschieden werden. Letztere differenzieren sich in
Gliederungs-, Beziehungs- und Indexkennzahlen (vgl. Abb. 7.2).

© Springer Fachmedien Wiesbaden GmbH, ein Teil von
Springer Nature 2020
A. Gadatsch, *IT-Controlling für die öffentliche Verwaltung kompakt,*
IT kompakt, https://doi.org/10.1007/978-3-658-28580-7_7

**Abb. 7.1**  IT-Kennzahlen Regelkreis

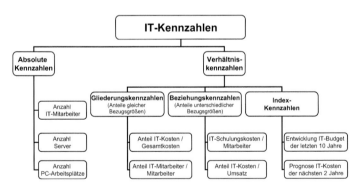

**Abb. 7.2**  IT-Kennzahlenstruktur (Gadatsch 2012, S. 98)

Inhaltlich sind Kategorisierungen in verschiedene Dimensionen wie Strategische Relevanz (Verhältnis Neuentwicklung zu Wartung), Wirtschaftlichkeit (z. B. Einhaltung von IT-Budgets), Kostenstruktur (IT-Kosten/Gesamtkosten), Leistung (Verfügbarkeit von Systemen) und Kundenzufriedenheit (Reklamationsquote) u. a. denkbar.

Kennzahlen können sich auf verschiedene Analysedimensionen beziehen:

- **Organisation** (Konzernsteuerung, IT-Dienstleister, IT-Kunde, Externe Partner)
- **Verdichtung** (Einzelwerte, Projekt, Applikation, Fachebene, Management, Top-Management)
- **Bezugsbereich** (Prozesse, Finanzen, Kunde)
- **Zeit** (Planwert, Schätzwert, Istwert)
- **Zielgruppe** (IT-Bereich, Fachseite, Externe Partner)
- **Einsatzzweck** (IT-Planung, IT-Steuerung, Fakturierung, IT-Personalführung, Gehaltsfindung)

Nach einer Langzeitanalyse zum IT-Controlling konnte festgestellt werden, dass die am häufigsten verwendeten IT-Kennzahlen „Verfügbarkeit der IT-Systeme", „Anteil IT-Kosten/Umsatz", „Anzahl Incidents", „IT-Umsatz" und „Budgetausschöpfung" (vgl. Gadatsch et al. 2013, S. 39; Abb. 7.3).

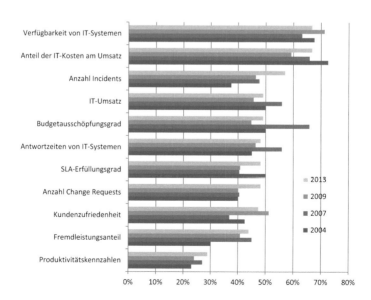

**Abb. 7.3**   TOP-IT-Kennzahlen (Gadatsch et al. 2013, S. 39)

## 7.2    Sinnvolle IT-Kennzahlen

Oft steht in der Praxis die Frage nach „guten" Kennzahlen im
Raum. Diese müssen jedoch vor dem Hintergrund des jeweiligen Einsatzes definiert werden. Hierbei sind Fehlinterpretationen
möglich, was sich am Beispiel der Kennzahl „IT-Kosten/
Umsatz" darstellen lässt. Kütz verweist auf folgendes Beispiel
(vgl. Kütz 2013, S. 20–21):

**Aussagekraft der IT-Kennzahl „IT-Kosten/Umsatz"**
*Ein Vergleich zweier Handelsunternehmen ergab, dass die
IT-Kostenanteile vom Umsatz bei Unternehmen A 0,8 % und
bei Unternehmen B 1,2 % betrugen. Hieraus folgte ein Ent-
scheidungsvorschlag für einen Übernahmeplan: Unternehmen B
sollte die IT-Systeme von A übernehmen, um seine IT-Kosten zu
reduzieren. Die weitere Detailanalyse ergab unter anderem:*

*Unternehmen A besitzt eine veraltete IT-Architektur, die seit
Jahren nicht mehr gepflegt wurde. Die IT-Kosten bestanden im
Wesentlichen aus Kosten für die Wartung der Altsysteme. Unter-
nehmen B konnte eine moderne, weitaus leistungsfähigere
IT-Architektur vorweisen. Die Übernahme der IT-Systeme wurde
daraufhin verworfen.*

Die Größe „Umsatz" als Teil einer Kennzahl ist für den öffentlichen Sektor sicher keine passende Steuerungsgröße. Aber es
lassen sich leicht andere Steuerungsgrößen finden, die in Rela-
tion zu den IT-Kosten gesetzt werden könnten. Beispiele hierfür sind: IT-Kosten/Anzahl Kfz.-Zulassungen, IT-Kosten/Anzahl
ausgestellter Personalausweise, IT-Kosten/Steuereinnahmen. Die
grundlegende Problematik dieser Kennzahlen fällt leicht auf: Zäh-
ler und Nenner des Bruches müssen einen sinnvollen Zusammenhang ergeben, sonst vergleicht man „Äpfel mit Birnen" bzw.
„zusammenhanglose Parameter" und kommt zu falschen Schluss-
folgerungen. Aus diesem Grund ist es notwendig, beim Einsatz
von Kennzahlen „Prüfkriterien" anzuwenden, um deren Tauglichkeit zu validieren.

**Prüfkriterien für Kennzahlen**

Für jede potenzielle Kennzahl sollte der nachstehend aufgeführte Fragenkatalog (entnommen und modifiziert aus Kütz 2011, S. 52) mit den Hauptkategorien **Qualität, Berechenbarkeit/ Analysierbarkeit, Wirtschaftlichkeit** und **Organisation** geprüft werden können. Sollten nicht ausreichend positive Antworten möglich sein, ist die Kennzahl für den jeweiligen Anwendungsfall nicht geeignet.

- **Qualität**
    - Was soll mit der Kennzahl gesteuert werden?
    - Misst die Kennzahl den richtigen Effekt?
    - Was lässt sich mit der Kennzahl aktiv steuern?
    - Sind die Kennzahlen für den Empfänger verständlich?
    - Wie ist die Qualität der Basisdaten zu beurteilen (sind Aufbereitungen notwendig)?
    - Misst die Kennzahl für die IT-Strategie relevante Ziele?
- **Berechenbarkeit und Analysierbarkeit**
    - Können Ziel- und Sollwerte bzw. erwartete Werte definiert werden?
    - Können korrespondierende Istwerte ermittelt werden?
    - Wie sensibel reagieren die Kennzahlen auf Veränderungen?
    - Können die notwendigen Basisdaten ermittelt werden?
    - Sind die Kennzahlen drill-down-fähig?
- **Wirtschaftlichkeit**
    - Ist der Aufwand für die Ermittlung von Basisdaten wirtschaftlich gerechtfertigt?
    - Steht dem Aufwand für die Ermittlung und Aufbereitung ein angemessener Nutzen durch die Möglichkeit zum Steuern gegenüber?
    - Können pragmatische Ersatzgrößen ermittelt werden?
- **Organisation**
    - Können Verantwortliche für Datenbereitstellung, Berechnung, Berichterstattung und für die Inhalte der Kennzahl selbst benannt werden?
    - Sind die Kennzahlen manipulationssicher?
    - Wie reagieren die Kennzahlen auf organisatorische oder technologische Veränderungen?

**Kennzahlensteckbrief**

Kennzahlen sind an zentraler Stelle mittels eines *Kennzahlensteckbriefs* in einer Datenbank zu dokumentieren. Der Steckbrief enthält eine aussagekräftige Beschreibung (Name der Kennzahl, Adressaten, Berichterstatter, wesentliche Inhalte, Zielwerte, Toleranzwerte), Informationen zu Datenquellen und deren Aufbereitung, Präsentationsform, Verantwortlichkeiten u. a. organisatorische Aspekte (vgl. Kütz 2011, S. 45). Die Abb. 7.4 zeigt ein Beispiel für einen Kennzahlensteckbrief für die Kennzahl „Verfügbarkeit von SAP ERP-Systemen".

**Nutzen von IT-Kennzahlen**

Der Nutzen von IT-Kennzahlen bzw. IT-Kennzahlensystemen kann insbesondere aus Sicht des IT-Projektmanagements, dem IT-Betrieb und der Sicht der Fachabteilung betrachtet werden (vgl. Gadatsch 2012, S. 104 f.). Das **Projektmanagement** profitiert bei der Projektauswahl durch Wirtschaftlichkeitsberechnungen von rendite- und risikoorientierten Kennzahlen.

| Bereich | Inhalte | Beispielangaben (vereinfacht) |
|---|---|---|
| **Beschreibung** | Kürzel | P-VF-SAPERP |
| | Bezeichnung | Verfügbarkeit des Systems „SAP ERP" |
| | Beschreibung | Prozesskennzahl zur Messung der Einsatzbarkeit des SAP-ERP-Systems |
| | Gültigkeit | ab 01.03.2016 |
| | Verantwortlicher für Inhalt, | Zentralbereich IT, Leiter „SAP-Anwendungsbetreuung", Frau X. |
| | Adressat (Zielgruppe), | SAP-Anwender (Leiter der beziehenden Organisationseinheiten) |
| | Berichterstatter (Datenlieferant) | Zentralbereich IT, Referent IT-Controlling, Herr Y |
| | Kennzahlenkategorie (z.B. Finanzen), | Prozessmanagement |
| | Zielwerte | 99,5% bezogen auf eine Arbeitswoche (Arbeitszeit 07.00 – 18.00) |
| | Benchmarks | Tochterunternehmen „Z" hat 2013 Minimalwert von 99,7% erreicht |
| | Toleranzwerte | Bis hinunter 95,0% maximal einmal im Geschäftsjahr |
| | Eskalationsregeln bei Ausreißern | Regelmäßig IT-Controller, CIO, bei Ausreißern Vorstand Finanzen |
| **Datenermittlung** | Datenquellen, IT-System | SAP-Logdaten, SAP ERP (System zzz / Mandant xxx) |
| | Messverfahren (manuell, automatisch, | Automatische Messung anhand von Logdaten |
| | indirekt), Messpunkte | SAP ERP-System, zusätzlich Messung am Client (wg. Netzverfügbarkeit) |
| | Verantwortlicher | Zentralbereich IT, Leiter „SAP-Betrieb", Herr Z |
| **Aufbereitung** | Berechnungsformel | Nutzungszeit in min/Gesamtarbeitszeit in min (je Woche) in % |
| | Verantwortlicher | Zentralbereich IT, Referent IT-Controlling, Herr Y |
| **Präsentation** | Darstellung (Text, Grafik, Zahlen, …), | Darstellung als %-Satz, in Übersichtsdarstellungen in Ampelfarben |
| | | bis 95,0% ROT, Über 95% bis unter 99,5% GELB, Ab 99,5% GRÜN |
| | Periodizität (bei Anfall, stündlich, | Wöchentliche Veröffentlichung der Einsatzdaten |
| | täglich, wöchentlich, …) | Jährliche Veröffentlichung (zum 31.12) des Durchschnittswertes mit Angaben |
| | | Minimal und Maximalwerte |
| | Aggregationsstufen, | SAP ERP (Gesamt), Werte je SAP-Modulgruppe (FIN, CON, ....) |
| | Archivierung (Ort, Medium, Dauer), | Werte werden dauerhaft im „Data Warehouse" des Controllings archiviert. |
| | | Löschung vorerst nicht geplant |
| | Verantwortlicher | Zentralbereich IT, BI-Team, Herr A |
| **Sonstiges** | Reklamationen, Rückmeldungen, | Erfahrungswert: Messpunkt ist nicht präzise, denn Anwender haben bei |
| | Erfahrungen, Änderungen der | Netzwerkproblemen den gleichen Effekt, sie können SAP ERP nicht nutzen. |
| | Berechnung | Erklärung ggf. in regelmäßigen Abständen erforderlich. Problem derzeit nicht |
| | | anders lösbar. |

**Abb. 7.4**　Kennzahlensteckbrief „Verfügbarkeit von SAP ERP-Systemen"

Im Rahmen der Projektsteuerung kann ein laufender Soll-Ist-Vergleich dazu beitragen, die Erreichung der Projektziele sicherzustellen. Ein nachträglicher Soll-Ist-Vergleich bietet die Möglichkeit, Erfahrungen aus abgeschlossenen Projekten für die Planung von Folgeprojekten zu verwenden. Zahlreiche Kennzahlen können für die Steuerung des **Betriebs von Informationssystemen** genutzt werden: Leistungen der IT-Abteilung, Kosten und die Auslastung der Ressourcen. Ein detaillierter Leistungs- und Kostennachweis ermöglicht der **Fachseite** Vergleiche mit anderen IT-Anbietern (Benchmarking) und eine Kostenkontrolle der beauftragten IT-Leistungen.

## 7.3   Auswahl wichtiger IT-Kennzahlen für die Praxis

In der Praxis ist es hilfreich, anhand eines Kataloges für das eigene Unternehmen sinnvolle Kennzahlen auszuwählen und deren Einsetzbarkeit zu prüfen. In Tab. 7.1 sind einige wichtige Kennzahlen aufgeführt, die häufig zum Einsatz kommen (entnommen aus Kütz 2011, S. 215 ff.). Die Darstellung soll nur Anregungen für die Definition eigener Kennzahl geben. In keinem Fall kann davon ausgegangen werden, dass alle genannten Kennzahlen stets sinnvoll genutzt werden können. Weitere Kennzahlen sind z. B. in Thome et al. (2011) oder in Kütz und Wagner (2015) aufbereitet worden und als zusätzliche Anregung nutzbar.

## 7.4   Zusammenfassung

- Gute IT-Kennzahlen gibt es nicht „von der Stange", die Tauglichkeit hängt vom Einsatzbereich, den Zielen und den organisatorisch-technischen Gegebenheiten im Unternehmen ab
- Wichtige Prüfkriterien sind Qualität, Berechenbarkeit/ Analysierbarkeit, Wirtschaftlichkeit und Organisation
- Top-5 Kennzahlen sind: Verfügbarkeit der IT-Systeme, Anteil IT-Kosten/Umsatz, Anzahl Incidents, IT-Umsatz und Budgetausschöpfung

**Tab. 7.1** Wichtige IT-Kennzahlen

| Analysebereich | Kennzahl |
| --- | --- |
| Finanzen | Budgetausschöpfungsgrad<br>IT-Kosten pro Arbeitsplatz<br>Anteil IT-Kostenarten (x) an den IT-Gesamtkosten<br>IT-Kosten bezogen auf den Umsatz |
| IT-Kunde | Anteil der IT-Kunden am IT-Gesamtumsatz<br>Zufriedenheit des IT-Kunden |
| IT-Prozesse | Anteil Störungs-Eskalationen der Kategorie X<br>Sofortlösungsanteil für Störungen<br>Bestand an Anfragen der Kategorie X<br>Anzahl betreuter IT-Arbeitsplätze pro IT-Mitarbeiter<br>Anzahl Änderungen pro IT-Prozess |
| Services | Anteil Besuche oder Kontakte der Kategorie X an der<br>Gesamtanzahl von Besuchen oder Kontakten<br>Antwortzeit<br>Anzahl Änderungen pro Service<br>Nutzergemeldete Ausfallzeit<br>Nutzungsgrad<br>Anzahl Service-Level-Agreement-Verletzungen<br>Anzahl Service Requests<br>Anzahl Störungen pro Service<br>Termintreue<br>Verfügbarkeitsgrad |
| IT-Lieferanten | Anteil eines Lieferanten am Fremdleistungsvolumen<br>Reklamationsdichte<br>Zufriedenheit mit dem Lieferanten |
| Innovation | Anteil IT-bezogener Verbesserungsinitiativen<br>Projektanteil Innovationen und F&E |
| Projekte | Anteil Aufwand der Kategorie X am Projektaufwand<br>Fortschrittsgrad der Kategorie X<br>Fremdkräfteanteil<br>Ressourcenauslastung<br>Rentabilität des Projektes<br>Wirtschaftlichkeit des Projektes |

# Literatur

Gadatsch, A.: IT-Controlling, Praxiswissen für IT-Controller und Chief Information Officer, Wiesbaden (2012)

Gadatsch, A., Kütz, J., Juszczak, J.: Ergebnisse der 4. Umfrage zum Stand des IT-Controllings im deutschsprachigen Raum. Schriftenreihe des Fachbereiches Wirtschaft Sankt Augustin, Bd. 33. Hochschule Bonn-Rhein-Sieg, Sankt Augustin (2013)

Hirsch, B., Weber, J.: Kennzahlen als Mess- und Steuerungsinstrument in Behörden. Schmidt, Berlin (2018)

Kütz, M. (Hrsg.): Kennzahlen in der IT, 4. Aufl. dpunkt, Heidelberg (2011)

Kütz, M. (Hrsg.): IT-Controlling für die Praxis, 2. Aufl. dpunkt, Heidelberg (2013)

Kütz, M., Wagner, R. (Hrsg.): Mit Kennzahlen zum Erfolg. Symposion, Düsseldorf (2015)

Thome, R., Herberhold, C., Gabriel, A., Habersetzer, L., Jaugstetter, C.: 100 IT-Kennzahlen. Cometis, Wiesbaden (2011)

# IT-Kosten- und Leistungsrechnung (IT-KLR)

**8**

## Zahlen für rationale Entscheidungen

*Ohne Kostenrechnung keine
Entscheidungsgrundlage*

---

**Zusammenfassung**

In diesem Abschnitt wird der prinzipielle Aufbau einer entscheidungsorientierten IT-Kosten- und Leistungsrechnung aufgezeigt, die auch für Behörden in Betracht kommt, die von der Kameralistik auf die doppelte Buchführung umgestellt haben.

---

## 8.1 Notwendigkeit und Ziele der IT-Kosten- und Leistungsverrechnung

**Steigender IT-Kostenanteil**

Der Anteil der direkten und indirekten IT-Kosten an den Gesamtkosten steigt, da Geschäftsprozesse zunehmend digitalisiert werden. Oft erreichen IT-Kosten einen wesentlichen Anteil der Prozesskosten, wie z. B. bei Online-Shops, Versicherungen, Telekommunikation oder Bankdienstleistungen.

**Verrechnung von IT-Kosten erforderlich**

Viele Unternehmen erkennen, dass eine Verrechnung von IT-Kosten notwendig ist, um für Entscheidungen (z. B. Outsourcing,

Verlagerungen, Zukäufe oder Verkäufe von Unternehmensteilen) Basisdaten zu erhalten. Die Verrechnung von IT-Leistungen hat im Vergleich zu den Vorjahren deutlich zugenommen: 72 % der Unternehmen in deutschen Sprachen/im deutschsprachigen Raum führen eine IT-Leistungsverrechnung durch (Gadatsch et al. 2013, S. 14).

**Ziele einer IT-Kosten- und Leistungsverrechnung**
Die Ziele einer IT-Kosten- und Leistungsverrechnung lassen sich in drei Gruppen unterteilen: Schaffung von **Transparenz** im Hinblick auf die IT-Kosten und die hierfür erbrachten Leistungen, die Möglichkeit der **Steuerung** von Maßnahmen und Projekten sowie die **Erfüllung gesetzlicher Anforderungen.** Die Ziele und einige Beispiele sind in Abb. 8.1 dargestellt.

Als Beispiel für praxisrelevante Ziele lässt sich ein Vortrag des Energieversorgers EnBW auf einer Fachkonferenz anführen, der folgende Gründe für eine verursachungsgerechte Verrechnung von Kosten und Leistungen der IT anführt (vgl. Baumgart 2019):

• Regulatorische Anerkennung von Leistungen, die für regulierte Netzgesellschaften erbracht werden,
• Bilanzierungsstandards (z. B. Aktivierung von Eigenleistungen),

**Abb. 8.1**  Ziele einer IT-Kosten- und Leistungsrechnung

- Externe Schäden (Übernahme von Schäden durch Versicherung, Förderungen, etc.),
- Interne Steuerung (Deckungsbeitragsrechnung, Benchmarks),
- Externe Segmentberichterstattung.

**3-Ebenen-Verrechnung**

Die Verrechnung von IT-Kosten und Leistungen erfolgen in der Praxis typischerweise auf drei Ebenen: **Business-Services, Technische Services** und **IT-Infrastruktur** (vgl. Abb. 8.2; Serviceware 2018). Die **Technische Infrastruktur** umfasst unter anderem technische Basisdienste, den Betrieb des Rechenzentrums und Security-Services). Die Verrechnung kann beispielsweise über Verteilerschlüssel auf die nächsthöhere Ebene (Technische Services) erfolgen. **Technische Services** umfassen die Bereitstellung von Applikationen (etwa einen SAP-Arbeitsplatz, Managed Desktop Apps, Managed Client Hardware). Diese können nach Inanspruchnahme auf die obere Ebene der **Business-Services** verrechnet werden (mögliche Verrechnungsobjekte sind der IT-Arbeitsplatz, HR-Services, Logistik-Services u. a. m.) und stellen die Schnittstelle der Verrechnung an die Fachseite dar. Die Fachseite ordert ausschließlich die genannten „Business-Services".

Das allgemeine und recht komplexe „TBM Framework" kann als Referenz für die Bildung einer eigenen Verrechnungsstruktur verwendet werden (TBM-Council o. J.). Im öffentlichen Bereich wird das Thema IT-Kosten- und Leistungsverrechnung seit Längerem operativ umgesetzt, so zum Beispiel in Rheinland-Pfalz,

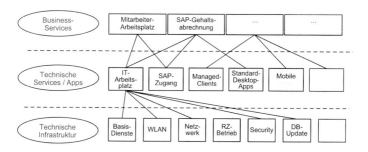

**Abb. 8.2**  IT-Verrechnungsmodell. (In Anlehnung an Serviceware 2018)

dessen Landesregierung (Ministerium für Finanzen) eigens ein umfangreiches Handbuch herausgegeben hat (vgl. Rheinland-Pfalz 2000).

## 8.2    Methoden der Verrechnung von IT-Kosten und Leistungen

Die Verrechnung von IT-Kosten und Leistungen lässt sich in zwei große Gruppen teilen: Pauschale und analytische Ansätze (vgl. Dittus et al. 2017). Pauschale Ansätze lassen sich wiederum in Ansätze zur „Nicht- bzw. Teilverrechnung" (Typ A) und „Umlage-Verrechnungsverfahren (Typ B)" untergliedern. Bei den analytischen Verfahren gibt es die „Leistungsbasierte Verrechnung auf Basis eines IT-Service-Kataloges" (Typ C) und die „Prozesstreiberbasierte Verrechnung" (Typ D). Die vier Varianten sind in Abb. 8.3 dargestellt.

Die in Abb. 8.3 vorgestellten Verfahren werden nachfolgend in Stichworten in Bezug auf den Aufwand, die Verrechnungssystematik und die mögliche Steuerungswirkung charakterisiert.

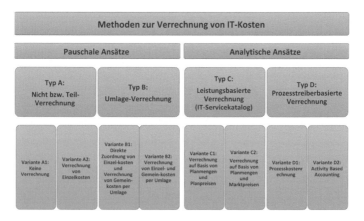

**Abb. 8.3**  Methoden zur Verrechnung von IT-Kosten und Leistungen (Dittus et al. 2017)

**Typ A: Nicht- bzw. Teilverrechnung**

- Aufwand
  - Einfachste Form der (Nicht-)Verrechnung, erfordert daher keinen bzw. nur geringen Aufwand
- Verrechnung
  - IT-Kosten werden auf die zentrale IT-Kostenstelle gebucht und verbleiben dort
  - Die gesamten IT-Kosten gehen pauschal über den Verwaltungsgemeinkostenzuschlag (Prozentsatz) in die Ergebnisrechnung ein
- Steuerungsfunktion
  - Keine Möglichkeit zur Steuerung der IT-Kosten durch den CIO/IT-Controller
  - Keine IT-Produktkalkulation (Kosten der IT-Produkte sind nicht bekannt)
  - Kein Einfluss auf das Kostenbewusstsein bei der IT und den Fachbereichen
- Praxis
  - Der Typ A kommt nach einer Studie auf einen sehr hohen Anteil: 40 Prozent der befragten Unternehmen gaben an, keine IT-Kosten- und Leistungsverrechnungen durchzuführen (vgl. Gadatsch et al. 2017).

**Typ B: Umlage-Verrechnung**

- Aufwand
  - einfache Form der Verteilung, erfordert nur geringen Aufwand (Verteilungsschlüssel)
- Verrechnung
  - Einzelkosten werden auf verursachende Kostenstellen gebucht (z. B. Kosten für einen angeschafften PC, Mobilfunkvertrag)
  - Gemeinkosten werden über Mengen- oder Wertschlüssel auf Nicht-IT-Kostenstellen verteilt (z. B. auf Basis der Schlüssel „Anzahl Mitarbeiter", „Anzahl PC", „Personalkosten")
  - IT-Kostenstelle wird vollständig „entlastet"

- Steuerungsfunktion
  - Keine Möglichkeit zur Steuerung der IT-Kosten durch den CIO/IT-Controller
  - Keine IT-Produktkalkulation (Kosten der IT-Produkte sind nicht bekannt)
  - Kaum Einfluss auf Kostenbewusstsein aufseiten der IT und Fachbereiche
- Praxis
  - Der Typ B wird beispielsweise von der Firma Lanxess in Leverkusen praktiziert (vgl. Schuster 2012).

**Typ C: Leistungsbasierte Verrechnung auf Basis eines IT-Service-Kataloges**

- Aufwand
  - Aufwendige Verrechnung, erfordert Datenaufbereitung, Prozesse und IT-Tools
- Verrechnung
  - IT-Abteilung erstellt einen IT-Servicekatalog und plant Mengen und Preise für alle Services (Mehrstufige IT-Produktkalkulation je IT-Service)
  - IT-Kosten werden auf die zentrale IT-Kostenstelle gebucht, die Abnehmer (Kunden) können die IT-Services buchen, ihre Kostenstellen werden monatlich belastet
- Steuerungsfunktion
  - Möglichkeit zur Steuerung der IT-Kosten (Zusammenhang zwischen Verbrauch an IT-Ressourcen und deren Verwendung wird transparent)
  - Fördert wirtschaftliches Denken und sensibilisiert für Kostenbewusstsein bei der IT und den Fachbereichen, Benchmarking mit externen IT-Anbietern ist möglich
- Praxis
  - Der Typ C wird beispielsweise von der Rolls-Royce Power Systems praktiziert (vgl. Siems 2014).

**Typ D: Prozesstreiberbasierte Verrechnung**

- Aufwand
  - Sehr aufwendige Verrechnung, erfordert umfangreiche Datenermittlung, Prozesse und IT-Unterstützung (i. d. R. nur mit aufwändigen Tools realisierbar)
- Verrechnung
  - Ermittlung von Kostenblöcken und Zuordnung von Kostentreibern (z. B. Zuordnung aller Kosten für „IT-Service" und Ermittlung des Kostentreibers „Anzahl Tickets für IT-Service"
  - Verrechnung der IT-Kosten auf verursachende Kostenstellen anhand der Kostentreiber (übernehmen die Rolle der „Verteilungsschlüssel aus Typ B", aber mit Aussagekraft)
- Steuerungsfunktion
  - Sehr gute Sichtbarkeit von Kostenverursachung (Kostentreiber) und Kostenverwendung
  - Möglichkeit zur Darstellung der IT-Kostenanteile an Geschäftsprozessen
- Praxis
  - Wegen des hohen Aufwandes ist der Typ D allenfalls für staatlich regulierte Unternehmen relevant, die ihre Prozesskosten differenziert nach Kostenartentypen (u. a. IT-Kosten) ausweisen müssen.

Die Auswahl der jeweiligen Verrechnungsmethodik ist stets von der Organisation entsprechend ihrer Anforderungen an Transparenz, Grad der gewünschten Steuerungswirkung der Notwendigkeit der Erfüllung von gesetzlichen Anforderungen durchzuführen. Das Portfoliodiagramm in Abb. 8.4 zeigt eine mögliche Auswahlmöglichkeit (oben) mit entsprechenden Beispielen (unten).

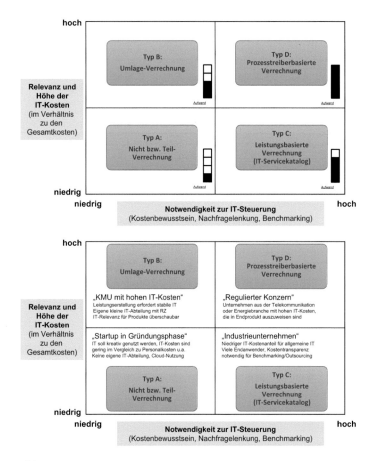

**Abb. 8.4** Portfolio zur Auswahl von Verrechnungsmethoden für IT-Kosten und Leistungen

## 8.3    IT-Kostenartenrechnung

Die Darstellung in Abb. 8.5 zeigt verschiedene datenliefernde Systeme (Sender), wie sie in der Praxis häufig anzutreffen sind (vgl. Gadatsch und Mayer 2013, S. 163). Aus der Finanzbuchhaltung gelangen z. B. Eingangsrechnungen, aus der

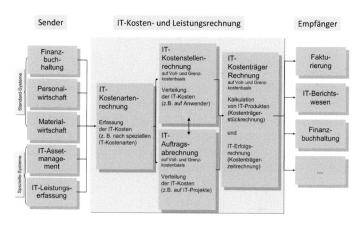

**Abb. 8.5**  Struktur einer IT-Kosten- und Leistungsrechnung

Materialwirtschaft Materialentnahmen (z. B. Austausch einer Tastatur) und aus der Personalwirtschaft Personalkosten und ggf. Leistungsmengen (z. B. angefallene Stunden der Softwareentwickler für IT-Projekte) in die IT-Kostenartenrechnung.

Spezielle Softwaresysteme, wie das *IT-Assetmanagement* oder eine IT-Leistungsverrechnung liefern Bestandsdaten und Bewegungen über IT-Assets (Hardware, Software, Zubehör) und Zeitverbräuche für IT-Projekte oder Störungsbeseitigungen. Die *IT-Kostenstellenrechnung* verteilt die angefallenen IT-Kosten verursachungsgerecht auf empfangene Kostenstellen. Eine IT-Auftragsabrechnung dient der Sammlung und Verteilung von länger laufenden oder besonders wichtigen Maßnahmen, insbesondere von IT-Projekten oder Lizenzkosten für ERP-Systeme.

Die *IT-Kostenträgerrechnung* ermittelt die Kalkulationen für die IT-Produkte der IT-Abteilung, z. B. den Preis für eine Berater-Stunde etc. In der IT-Erfolgsrechnung wird der Ergebnisbeitrag der IT zum Gesamterfolg des Unternehmens ermittelt. Der IT-Leiter erkennt, welchen Anteil seine Leistung an den Ergebnissen des Unternehmens erreicht. Datenempfänger der IT-Kosten- und Leistungsrechnung sind neben dem Berichtswesen die Fakturierung (wenn die IT-Abteilung auch externe

Umsätze außerhalb des eigenen Unternehmens erzielt) und die Finanzbuchhaltung. Das IT-Berichtswesen entnimmt Daten, bereitet diese empfängergerecht auf und verteilt sie an die Führungskräfte im Unternehmen.

Die Kostenartenrechnung strukturiert die entstandenen IT-Kosten und bereitet sie für die Weiterverarbeitung auf. Die Gliederung der IT-Kostenarten hängt von der Organisationsform der Informationsverarbeitung und vom gewünschten Detaillierungsgrad ab. Unterschiede ergeben sich z. B. aus dem Einsatz einer eigenen IT-Abteilung oder einem hohen IT-Outsourcing-Anteil. Typische IT-Kostenarten sind:

- Hardware (Personal-Computer, Smartphones, Drucker),
- Software (Standardsoftware, Individualsoftware),
- IT-Dienstleistungen (Beratung, Programmierung, Wartung),
- Verbrauchsmaterial (Druckerpatronen, Papier, CD-Rohlinge, USB-Sticks),
- Abschreibungen auf Hardware und Software.

Zu unterscheiden sind primäre Kostenarten (z. B. Rechnung eines Softwarehauses über Programmier- und Beratungsleistungen) und sekundäre Kostenarten für die interne Leistungsverrechnung (z. B. Weiterbelastung der Projektkosten des o. g. Softwarehauses an die beteiligten Fachbereiche).

## 8.4    IT-Kostenstellenrechnung

Ausgehend von der IT-Kostenartenrechnung werden die IT-Kosten in Einzelkosten und Gemeinkosten gesplittet. Einzelkosten lassen sich unmittelbar ohne weitere Verrechnungen vertrieblichen Produkten zuordnen, wie z. B. IT-Produkte eines Softwarehauses oder IT-Beratungsunternehmens (z. B. Rechnung eines externen Beraters für ein im Kundenauftrag entwickeltes Softwaresystem sind IT-Einzelkosten für das IT-Produkt „Softwaresystem").

Nicht direkt zurechenbare IT-Gemeinkosten werden über die IT-Kostenstellenrechnung nach unterschiedlichen Verfahren auf die IT-Produkte verteilt. So nutzen Softwareentwickler der IT-Abteilung das Internet für Recherchen. Die hierfür anfallenden Gebühren lassen sich aber nicht auf einzelne Projekte der Entwicklerarbeit zuordnen. Sie sind nach geeigneten Kriterien zu verrechnen. Hierzu dient die Kostenstellenrechnung. Zunächst werden die IT-Kosten der IT-Vorkostenstellen (z. B. Rechenzentrum, PC-Service, Anwendungsberatung) gesammelt und auf die Hauptkostenstellen (auch Endkostenstellen genannt) verteilt. Hauptkostenstellen sind die Endabnehmer der IT-Leistungen, z. B. Vertrieb, Fertigung, Personal u. a. Über Kalkulationssätze lassen sich die Gemeinkosten auf Produkte verrechnen. Die Verrechnung der Kosten auf die Endkostenstellen findet im sogenannten *Betriebsabrechnungsbogen* statt.

**Beispiel für einen IT-Betriebsabrechnungsbogen**
Die „Interface GmbH" hat zur Verrechnung ihrer umfangreichen IT-Kosten drei IT-Vorkostenstellen gebildet: Rechenzentrum, Anwendungsberatung und PC-Service. Die Kosten für Personal, Hardware, Internetnutzung und Kalkulatorische Abschreibungen werden wie folgt auf die Kostenstellen des Unternehmens verrechnet:

- Personal                 Gehaltssumme lt. Gehaltsbuchhaltung,
- Hardware                 Anzahl PC,
- Internetnutzung          Anzahl Onlinenutzungsminuten,
- Kalk. AfA und Zinsen     Vermögenswerte lt. Anlagenbuchhaltung

Weitere Kostenarten werden aus Gründen der Vereinfachung nicht weiter betrachtet, da die IT-Kosten im Vordergrund stehen. Die Kosten der IT-Vorkostenstellen sollen mit dem Umlageverfahren den Endkostenstellen zugerechnet werden. Die Verrechnung der IT-Kostenstellen erfolgt nach den folgenden Kriterien:

- Rechenzentrum            Verbrauchte CPU-Zeit (in Minuten),
- Anwendungsberatung       Verbrauchte Arbeitszeit (in Stunden),
- PC-Service               Anzahl installierter PC

Das Rechenbeispiel ist in Abb. 8.6 dargestellt.

| a | b | c | d | e | f | g | h | i |
|---|---|---|---|---|---|---|---|---|
| IT-Kostenart | Verteilungs-schlüssel | IT-Kostenstellen (Vorkostenstellen) | | | Hauptkostenstellen | | | Summe |
| | | Rechen-zentrum | Anwendungs-beratung | PC-Service | Einkauf | Fertigung | Sonstige | |
| Personalkosten (Gehalt und Sozialkosten) | Gehaltsumme | 240.000 € | 540.000 € | 320.000 € | 1.600.000 € | 1.980.000 € | 4.500.000 € | 9.180.000 € |
| | | 3% | 6% | 3% | 17% | 22% | 49% | 100% |
| Hardware | Anzahl PC | 8.400 € | 12.600 € | 16.800 € | 42.000 € | 126.000 € | 315.000 € | 520.800 € |
| | | 4 | 6 | 8 | 20 | 60 | 150 | 248 |
| Internetgebühren | Anzahl Minuten | 160 € | 480 € | 960 € | 1.400 € | 120 € | 600 € | 3.720 € |
| | | 800 | 2400 | 4800 | 7000 | 600 | 3000 | 18600 |
| Kalk. Abschreibungen und Zinsen | Vermögen lt. Anlagen-buchhaltung | 26.712 € | 40.068 € | 53.424 € | 133.560 € | 400.680 € | 1.001.700 € | 1.656.144 € |
| | | 6678 | 10017 | 13356 | 33390 | 100170 | 250425 | 414.036 € |
| Summe primäre Gemeinkosten | | 255.238 € | 563.097 € | 351.116 € | 1.676.790 € | 2.206.290 € | 5.066.025 € | 10.118.556 € |

| | | | | | | | | |
|---|---|---|---|---|---|---|---|---|
| Umlage der IT-Kosten (sekundäre Gemeinkosten) | | | | | | | | |
| Rechenzentrum | CPU-Zeit (sec.) | -255238 | | | 68.983 € | 91.978 € | 94.277 € | 255.238 € |
| | | | | | 1500000 | 2000000 | 2050000 | 5550000 |
| Anwendungs-beratung | Arbeitszeit (h) | | -563097 | | 192.841 € | 293.119 € | 77.137 € | 563.097 € |
| | | | | | 250 | 380 | 100 | 730 |
| PC-Service | Anzahl PC | | | -351116 | 30.532 € | 91.595 € | 228.989 € | 351.116 € |
| | | | | | 20 | 60 | 150 | 230 |
| Summe sekundäre Gemeinkosten | | | | | 292.357 € | 476692,1222 | 400402,3701 | 1169451 |
| Summe Gemeinkosten | | | | | 1.969.147 € | 2682982,122 | 5466427,37 | 10.118.556 € |

**Abb. 8.6**  Beispiel für einen vereinfachten IT-BAB

# 8.5    IT-Kostenträgerrechnung

Eine Kostenträgerrechnung besteht aus zwei Komponenten, der Produktkalkulation und der Ergebnisrechnung. Sie kommt im Rahmen der IT-Kostenrechnung normalerweise nur dann zum Einsatz, wenn die IT-Produkte auch Endprodukte sind, wie das z. B. bei einem IT-Dienstleister der Fall ist.

**Produktkalkulation**
Die Produktkalkulation ermittelt den Preis für IT-Produkte, der sich aus unterschiedlichen Kostenkomponenten zusammensetzt. Interne Kosten sind z. B. Personalkosten für Softwareentwickler. Externe Kosten sind z. B. Beratungshonorare, Anschaffungskosten für Hardware und Softwarelizenzen, Wartungsgebühren, Datensicherungskosten). Die Produktkalkulation kann aber auch im Rahmen der internen Leistungsverrechnung der Kostenstellenrechnung dazu dienen, interne Verrechnungspreise für interne „IT-Produkte" zu ermitteln.

Beispiele für typische IT-Produkte sind:

- Betrieb von ERP-Systemen,
- Betrieb zentraler IT-Anwendungen (z. B. Citrix-Clients, E-Mail, Intranet/Internet, File- und Print-services, Datensicherungen im Netzwerk),
- Betrieb und Wartung von Standard-IT-Arbeitsplatzsystemen (Desktop, Laptop, Smartphones),
- Betrieb abteilungsspezifischer Anwendungen (CAD-Anwendungen),
- Hotline (First Level-Support, Second-Level-Support),
- Zentrales Asset-Management (Inventarisierung und Verwaltung der IT-Vermögenswerte),
- Betrieb eines IP-basierten Telefonnetzes.

**Beispiel für eine IT-Produktkalkulation**

Das Beispiel zeigt die Ermittlung des monatlichen Planverrechnungssatzes für einen IT-Arbeitsplatz (IT-APS) (vgl. Abb. 8.7) auf der Basis folgender Daten:

- Einstandspreis Desktop: 600 €/Stück, Nutzungsdauer: 4 Jahre,
- Zuschlag für Materialgemeinkosten (MGK): 10 %.

| Nr. | Position | Bemerkung | Werte | Bemerkung |
|---|---|---|---|---|
| 01 | Hardwarekosten | | 12,50 Euro | 600 Euro / 4 Jahre / 12 Monate |
| 02 | + Materialgemeinkosten | % Zuschlag auf 01 | 1,25 Euro | 10% von 12,50 Euro |
| 03 | = Materialkosten | Summe 01-02 | 13,75 Euro | |
| 04 | + Lizenzen Standardapplikationen (Betriebssystem, Office u.a.) | | 8,33 Euro | Betriebssystem und Office 100 Euro + 300 Euro = 400 Euro / 4 Jahre / 12 Monate |
| 05 | + Anschluss Netzwerk | Pauschale incl. | 1,04 Euro | 50 Euro / 4 Jahre / 12 Monate |
| 06 | + Lizenzen Zusatzkomponenten | | 58,33 Euro | SAP 700 Euro / 12 Monate |
| 07 | + Pauschale für IT-Service (Installation, Hotline, Fehlerkorrekturen, Softwareupdate) | | 30 Euro | 30 Euro (bereits Monatswert) |
| 08 | = Lizenzen und Service | Summe 04-07 | 97,70 Euro | |
| 09 | = IT-Produktkosten I | Summe 03 + 08 | 111,45 Euro | |
| 10 | + CIO-Umlage | % Zuschlag auf 09 | 22,29 Euro | 20% von 111,45 Euro |
| 11 | IT-Produktkosten II (monatlicher Verrechnungssatz) | Summe 09 + 10 | 133,74 Euro | |

**Abb. 8.7**  Kalkulationsbeispiel eines IT-Arbeitsplatzes

- Lizenzen
  - Betriebssystem: 100 € einmalig, Nutzungsdauer: 4 Jahre,
  - Office: 300 € einmalig, Nutzungsdauer: 4 Jahre,
  - SAP-Nutzung: 700 € p. a.
- Anschluss Netzwerk: 50 € einmalig,
- IT-Servicepauschale: 30 €/Monat,
- CIO-Umlage: Zuschlag: 20 %.

**Deckungsbeitragsrechnung**
Das Instrument der *Deckungsbeitragsrechnung* dient dazu, stufenweise fixe und variable Kosten zu einem Gesamtergebnis zu verdichten. Hiermit lassen sich Analysen über den Erfolgsbeitrag von Projekten, Abteilungen oder Bereichen durchführen. Der Deckungsbeitrag ist die Differenz aus dem Erlös und den direkt zurechenbaren variablen Kosten.

**Beispiel für eine Deckungsbeitragsrechnung eines IT-Dienstleisters**
In Abb. 8.8 wird ein einfaches Beispiel einer Deckungsbeitragsrechnung für einen IT-Dienstleister dargestellt. Das Unternehmen ist in zwei Bereiche (Service und Projekte) gegliedert. Folgende Daten liegen vor:

- Erlöse
  - IT-Service: 30.000 €,
  - Projekt A: 7000 €,
  - Projekt B: 18.000 €.

| Bereich | Services | Projekte | | Gesamt |
|---|---|---|---|---|
| | IT-Service | Projekt A | Projekt B | |
| Erlös | 30.000 € | 7.000 € | 18.000 € | *55.000 €* |
| -variable Kosten | -5.600 € | -8.000 € | -16.000 € | *-29.600 €* |
| **Deckungsbeitrag I** | 24.400 € | **-1.000 €** | **2.000 €** | ***25.400 €*** |
| -Berichsfixkosten | -5.000 € | -500 € | | *-5.500 €* |
| **Deckungsbeitrag II** | **19.400 €** | **500 €** | | ***19.900 €*** |
| -Unternehmensfixkosten | -20.000 € | | | *-20.000 €* |
| **Unternehmensergebnis** | **-100 €** | | | |

**Abb. 8.8**  Beispiel einer Deckungsbeitragsrechnung für einen IT-Dienstleister

- Variable Kosten
  - IT-Service: 70 h,
  - Projekt A: 100 h,
  - Projekt B: 200 h (jeweils zu 80 €/h).
- Fixe Kosten
  - Bereiche:
    IT-Service: 5000 €,
    Projekte 500 €,
- Unternehmen: 20.000 €.

## 8.6 Fallstudien

### 8.6.1 Fallstudie „Break Even Analyse" für Cloud versus On-Premise

**Szenario**

Eine Behörde mit 10.000 Mitarbeitern betreibt eine selbst entwickelte Software für die Reisekostenabrechnung. Es wird in den nächsten 3 Jahren die Anzahl der Mitarbeiter auf 40.000 erhöhen. Die Behördenleitung erwägt den Betrieb der „Reisekostenabrechnung" in die „Cloud" zu verlagern. Sie hat von anderen Behörden gehört, ein Wechsel in die Cloud sei „kostengünstig" und flexibel. Es liegen Kosteninformationen für den „Eigenbetrieb" sowie das Angebot eines Cloudanbieters vor.

**Aufgabenstellung und Daten**

Die Behördenleitung möchte von Ihnen wissen, ab bzw. bis welcher Anzahl von Mitarbeitern eine „On-Premise-Lösung" bzw. eine „Cloud-Lösung" aus Kostensicht sinnvoll ist.

**Eigenbetrieb/On-Premise**

**Fixkosten**

- Monatlich fallen für die anteilige Nutzung des eigenen Rechenzentrums Kosten in Höhe von 7000 € an.
- Davon würden bei einer Verlagerung der Anwendung in die Cloud 6000 € für Personalkosten monatlich wegfallen.
- Die verbleibenden fixen Kosten in Höhe von monatlich 1000 € müssten weiterhin vom Unternehmen getragen werden

**Variable Kosten**
- Daneben fallen Kosten in Höhe von 0,50 € je durchgeführter Abrechnung an (z. B. Strom, variable Personalkosten, Versand der Abrechnungen, Überweisungsgebühren). Diese Kosten wären bei einer Verlagerung in die Cloud vollständig abbaubar

**Cloud-Lösung**
- Der Anbieter verlangt von Ihnen 70 Cent je Abrechnung.

Eine Lösungsmöglichkeit ist in Abb. 8.9 dargestellt.

## 8.6.2  Fallstudie Benchmarking im Rahmen von IT-Konsolidierung

**Szenario**
Die Behörde A wird mit der Behörde B zusammengelegt. Ein der Aufgaben besteht in der Integration der beiden „IT-Organisationen". Hierbei soll eine möglichst kostenoptimale

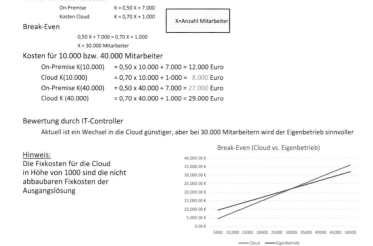

Formel für Gesamtkosten

| | On-Premise | K = 0,50 X + 7.000 |
| | Kosten Cloud | K = 0,70 X + 1.000 |

X=Anzahl Mitarbeiter

Break-Even

0,50 X + 7.000 = 0,70 X + 1.000

X = 30.000 Mitarbeiter

Kosten für 10.000 bzw. 40.000 Mitarbeiter

| On-Premise K(10.000) | = 0,50 x 10.000 + 7.000 = 12.000 Euro |
| Cloud K(10.000) | = 0,70 x 10.000 + 1-000 = 8.000 Euro |
| On-Premise K(40.000) | = 0,50 x 40.000 + 7.000 = 27.000 Euro |
| Cloud K (40.000) | = 0,70 x 40.000 + 1.000 = 29.000 Euro |

Bewertung durch IT-Controller

Aktuell ist ein Wechsel in die Cloud günstiger, aber bei 30.000 Mitarbeitern wird der Eigenbetrieb sinnvoller

Hinweis:
Die Fixkosten für die Cloud in Höhe von 1000 sind die nicht abbaubaren Fixkosten der Ausgangslösung

Break-Even (Cloud vs. Eigenbetrieb)

40,000.00 €
35,000.00 €
30,000.00 €
25,000.00 €
20,000.00 €
15,000.00 €
10,000.00 €
5,000.00 €
0.00 €

5000 10,000 15000 20000 25000 30000 35000 40000 45000 50000

— Cloud — Eigenbetrieb

**Abb. 8.9**  Lösung zur Fallstudie: Cloud versus On Premise

Zielstruktur gewählt werden. Erste Analysen ergeben, dass die IT-Kosten der bisherigen Organisationen nicht vergleichbar sind, da die Kostenbestandteile unterschiedlich ermittelt werden.

**Aufgabenstellung**

Sie sind als IT-Controller beauftragt worden, die Kostenstrukturen zu vergleichen und die „jährlichen IT-Kosten" sowie die „IT-Kosten pro Mitarbeiter" zu ermitteln um eine Ausgangsbasis für weitere Schritte zu haben.

**Behörde A**

- A beschäftigt 10 Mitarbeiter in der IT (10 % der Belegschaft). Die Personalkosten betragen 1 Mio. €.
- A betreibt ein „Operation-Support-System". Die Kosten von 2 Mio. € sind nicht im IT-Budget enthalten.
- Abschreibungen auf IT-Hard- und Software sind nicht im IT-Budget enthalten. Sie betragen rund 1 Mio. € p. a.
- Kosten für Telekommunikation sind im Budget „Facility-Management" integriert. Diese betragen ca. 100.000 € p. a.
- Cloud-Anwendungen werden von den Fachbereichen bezahlt. Die IT schätzt die Höhe auf ca. 500.000 € p. a.
- Ein IT-Service-Desk fehlt, die Arbeiten erfolgen im Fachbereich. Die Kosten werden auf 500.000 € geschätzt
- Das Unternehmen beschäftigt 20 externe Leiharbeiter, diese sind in der Anzahl der Mitarbeiter eingerechnet.

**Behörde B**

- B beschäftigt 30 Mitarbeiter in der IT (25 % der Belegschaft). Die Personalkosten betragen 3,3 Mio. €.
- Die Kosten für alle IT-Systeme werden zentral bei der IT budgetiert. Sie betragen ca. 6 Mio. € p. a.
- Abschreibungen auf IT-Hard- und Software sind im IT-Budget mit ca. 2 Mio. € p. a. enthalten.
- Kosten für Telekommunikation und Cloud-Anwendungen sind im Budget für IT-Systeme bereits enthalten.

| | Behörde A | Behörde B |
|---|---|---|
| **Anzahl Mitarbeiter IT** | 10 | 30 |
| **Anzahl Mitarbeiter Gesamt** | 80 | 120 |
| | (10/10% = 100 − 20 Leiharbeiter) | |
| | | |
| **Personalkosten** | 1.000.000 | 3.300.000 |
| **Abschreibungen** | 1.000.000 | 2.000.000 |
| **Telekommunikation** | 100.000 | |
| **Cloudanwendungen** | 500.000 | 4.000.000 |
| **IT-Service-Desk** | 500.000 | |
| **Summe IT-Kosten** | **3.100.000** | **9.300.000** |
| IT-Kosten / Mitarbeiter | **38.750** | **77.500** |
| | (3.100.000 / 80) | (9.300.000 / 120) |

**Abb. 8.10** Fallstudie Benchmarking im Rahmen von Konsolidierung der IT

- Ein IT-Service-Desk wird von der IT mit dem vorhandenen Personal betrieben, die Kosten sind in den o. g. Angaben enthalten.
- Die Behörde beschäftigt keine Leiharbeiter.

Eine Lösungsmöglichkeit ist in Abb. 8.10 dargestellt.

# 8.7   Zusammenfassung

- Eine IT-Kosten- und Leistungsrechnung ist erforderlich, um angesichts steigender IT-Kosten Basisdaten für die Entscheidungsunterstützung bereitzustellen
- Instrumente sind die Kostenartenrechnung, die Kostenstellenrechnung und die Kostenträgerrechnung bestehend aus Produktkalkulation und Ergebnisrechnung
- In der Kostenartenerrechnung werden die Kosten in Einzelkosten und Gemeinkosten gesplittet
- Die Kostenstellenrechnung verteilt die Kosten verursachungsgerecht auf Endkostenstellen, d. h. diejenigen Bereiche, welche die IT-Leistungen in Anspruch genommen haben

- Die Produktkalkulation kalkuliert Endprodukte, kann aber auch für die interne Leistungsrechnung als Basis für Verrechnungspreisermittlung dienen
- Die Deckungsbeitragsrechnung ordnet als Ergebnisrechnung stufenweise die Kosten den Erlösen zu

## Literatur

Baumgart, H.: IT-Produktionskostenberechnung und IT-Service-Pricing im Rahmen einer verursachungsgerechten Leistungserfassung, Cost IT 2019, Executive Insights, Bonn, 15.05.2019 (Vortragsunterlagen) (2019)

Dittus, M., Epple, J., Schlegel, D.: Verrechnung von IT-Kosten. Controlling **29**(5), 20–27 (2017)

Gadatsch, A., Kütz, J., Freitag, S.: IT-CON 2017, Ergebnisse der 5. Umfrage zum Stand des IT-Controllings im deutschsprachigen Raum, Bd. 34. Hochschule Bonn-Rhein-Sieg, Sankt Augustin (2017). https://doi.org/10.18418/978-3-96043-043-8

Gadatsch, A., Kütz, J., Juszczak, J.: Ergebnisse der 4. Umfrage zum Stand des IT-Controlling im deutschsprachigen Raum. In: Schriftenreihe des Fachbereiches Wirtschaft Sankt Augustin, Bd. 33. Hochschule Bonn-Rhein-Sieg, Sankt Augustin (2013)

Gadatsch, A., Mayer, E.: Masterkurs IT-Controlling, 5. Aufl. Springer Vieweg, Wiesbaden (2013)

Rheinland-Pfalz, Ministerium der Finanzen (Hrsg.): Handbuch für die Kosten- und Leistungsrechnung, Mainz. https://www.lff-rlp.de/fileadmin/user_upload/ZBV/PDF/service/Kosten-_und_Leistungsrechnung/007_KLRHandbuch.pdf (2000). Zugegriffen: 1. Juni 2018

Schuster, H.: IT-Controlling im Dienste interner Kundenorientierung. Steigerung der internen Kundenakzeptanz, Köln, 19.06.2012, marcusevans Konferenz „Interne Leistungsverrechnung und Service Katalog Management", Vortragsunterlagen (2012)

Serviceware Wien: 2 IT-Controlling Forum Österreich. https://anafee.de/it-controlling-forum-oesterreich/, Ergebnis eines Workshops zur IT-Kosten- und Leistungsverrechnung, Wien 09.10.2018 (2018)

Siems, J.-U. (Rolls Royce Power Systems AG): IT-Service Management and IT-Accounting, Webinar. www.catenic.com (2014). Zugegriffen: 28. Febr. 2014

TBM-Council, TBM Framework. www.tbmcouncil.org (o. J.). Zugegriffen: 10. Okt. 2018

# Stichwortverzeichnis

© Springer Fachmedien Wiesbaden GmbH, ein Teil von                    117
Springer Nature 2020
A. Gadatsch, *IT-Controlling für die öffentliche Verwaltung kompakt,*
IT kompakt, https://doi.org/10.1007/978-3-658-28580-7

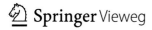

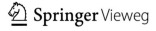

springer-vieweg.de

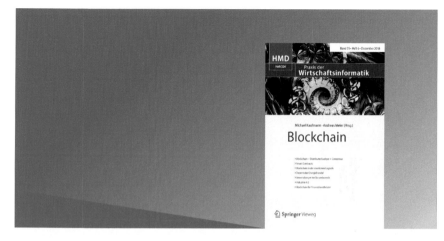

# HMD – Praxis der Wirtschaftsinformatik

Die Zeitschrift HMD liefert IT-Fach- und Führungskräften Lösungsideen für ihre aktuellen Herausforderungen, zeigt ihnen Umsetzungsmöglichkeiten auf und informiert sie über Neues in der Wirtschaftsinformatik (WI). WI-Studierende, -Forschende und -Lehrende erfahren, welche Themen in der Praxis ihres Faches Herausforderungen darstellen und aktuell in der Forschung diskutiert werden.

HMD-Beiträge basieren auf einem Transfer wissenschaftlicher Erkenntnisse in die Praxis der Wirtschaftsinformatik. Umfassendere Themenbereiche werden in HMD-Heften aus verschiedenen Blickwinkeln betrachtet, so dass in jedem Heft sowohl Wissenschaftler als auch Praktiker zu einem aktuellen Schwerpunktthema zu Wort kommen.

Verlag und Herausgeber haben sich zum Ziel gesetzt, die Qualität von HMD-Heften und -Beiträgen stetig weiter zu verbessern. Hierfür wird jeder Beitrag nach Einreichung anonym begutachtet (Blindgutachten).

Mit dem »HMD Best Paper Award« werden alljährlich die drei besten Beiträge eines Jahrgangs gewürdigt.

springer.com/hmd

Part of **SPRINGER NATURE**

Printed in the United States
By Bookmasters